AF190176

Dieses Buch vermittelt einen Eindruck von der Zeit in der wir leben. Es zeigt die menschlichen Schwächen, wie auch Stärken. Gerade im ersten Abschnitt wird viel von der menschlichen Seite erzählt. Es geht um Sehnsüchte, Liebe, Träumereien, Werte und die Zukunft. Mit anderen Worten : Glaube, Liebe, Hoffnung, den Symbolen auf dem Cover. Man kann das erste Kapitel als Einstimmung auf die kritischen Texte im zweiten Kapitel begreifen, als Ausruf des Mitgefühls, als Liebesbeweis an die Menschheit und die Natur. Es soll die Leserschaft sensibilisieren, entspannen und auch belustigen.

Im zweiten Teil des Buches geht es um sozialkritische Lyrik, über Dinge, die uns alle betreffen, ob direkt oder indirekt. Hier zeigt sich die moralische Natur des Autors, den Ausdruck von Enttäuschung, die Rebellion gegen das bestehende System, ob in der eigenen Stadt, dem Land oder weltweit. Diesem innerlichen Druck setzt der Autor seine Lyrik entgegen. Auch hier mit den zentralen Themen der Menschheit: Glaube, Liebe, Hoffnung mit einen besonderen Appell an die Vernunft der Menschheit, für eine gemeinsame Zukunft. Durch die einfache Form der Gedichte ist das Buch für jeden Menschen leicht lesbar, sodass Zeit bleibt, den Kern der Texte zu verinnerlichen. Diese Form der Lyrik bedarf kein Germanistikstudium!

Jörg Müffelmann ist verheiratet und lebt mit seiner Frau und den gemeinsamen Kindern in Hamburg. Mit diesem kleinen Lyrik -werk, wollte er Ordnung in sein lyrisches Hobby und Leben bringen. Weitere Verse sind in Arbeit. Es gibt noch so vieles zu sagen, bzw. zu schreiben. Man darf gespannt sein.

Jörg Müffelmann

Das alte und neue Temperament

Gedichte
über Gott und die Welt

2017

Impressum

Bibliografische Information der Deutschen Nationalbibliothek:
Die Deutsche Nationalbibliothek verzeichnet diese Publikation
in der Deutschen Nationalbibliografie; detaillierte bibliografische
Daten sind im Internet über http://dnb.dnb.de abrufbar.

© 2019 Jörg Müffelmann
Technischer Beistand: Nico Müller
Herstellung und Verlag:
BoD – Books on Demond, Norderstedt

ISBN: 9783748144519

Widmung

Für (An) alle Menschen,
denen das Empfinden noch nicht verloren gegangen ist.

Liebe Leser

Dieses bescheidene Werk soll in Ihnen Emotionen wecken.
Es muss Ihnen nicht immer gefallen, aber als Anregung dienen,
das es nicht nur eine Wahrheit, eine Meinung zu jedem Thema gibt,
auch wenn sie tausendmal wiederholt wird, ob von Politikern,
der Wirtschaft, den Medien etc.
Es gibt auch Meinungen, die totgeschwiegen werden,
weil sie nicht zeitgemäß oder einfach unbequem sind.

Auch ich habe keine Lösungen zu bieten, oder sehe alles klar.
Wie auch, ich bin einer von Ihnen, mit Halbwissen behaftet,
voller Emotionen, ohne besonderen Talenten, halt einfach nur ein
Mensch, mit Fehlern und Vorzügen, das nennt man wohl Charakter.

Eine Anmerkung vorweg zum Titel und der Gliederung meines Buches:

In dem alten Temperament stehen die klassischen oder zeitlosen Gedichte,
im neuen Temperament die politisch und gesellschaftlich Aktuellen.
Die Ähnlichkeit mit der Bibel soll nicht anmaßend sein, ist aber gewollt.
Auch dort stehen Geschichten und Lebensweisheiten beschrieben.
Der Titel sollte Sie neugierig machen auf mein Werk.
Eine Manipulation, um Sie, liebe Leser, zu erreichen.
Ich bitte Sie hierfür um Verzeihung!

Ich hoffe Sie haben trotzdem viel Spaß beim Lesen,
eine Geld zurück Garantie, gibt es leider nicht!

In Dankbarkeit

Jörg Müffelmann

Das alte Temperament

Ein Leben

Ein Leben ist wie ein Gericht.
Erst durch die Zutaten bekommt es ein Gesicht.

Das eine Leben ist einfach in der Rezeptur,
das Andere schwer, ein komplizierter Parcours.

Eines scharf, das Andere fad',
das Nächste kalt, Eines hundert Grad.

Ein Weiteres liegt einem schwer im Magen,
von einem Anderen spricht man noch nach vielen Tagen.

Dem Einen fehlt der letzte Pfiff,
das Andere ist allen ein Begriff.

Das Würzen ist die große Gabe,
ein Zuviel, dann trägt man das Gericht zu Grabe.

So gibt es Keines was dem Anderen gleicht.
Das Leben ist alles andere, nur nicht leicht.

Drum geh' behutsam um mit dem Gericht,
dann könnte daraus werden ein Gedicht.

12

Der versteckte Brief

Vor kurzem erwarb ich einen alten Sekretär.
Von Anfang an gefiel er mir sehr.
Er war schon, man sah es ihm an
gut benutzt, an ihm saß man wohl recht häufig dran.

Der Händler konnte nicht viel über ihn sagen:
„ Den Vorbesitzer kann man längst nicht mehr fragen.
Hundert, Zweihundert Jahre ist er wohl alt,
Hauptsache für mich ist: der Kunde zahlt."

Zu Hause kaum angekommen,
habe ich vom Sekretär den Staub abgenommen.
Ich stellte ihn an seinen Platz,
behandelte ihn, wie einen antiken Schatz.

Alles war in Ordnung, nur eine Lade ging schwer.
Ich war zufrieden, ich freute mich sehr.
Nach Tagen dann räumte ich ihn ein,
all' meine Sachen passten hinein.
Nur die Lade, die blieb leer,
denn jetzt schloss sie gar nicht mehr.

Bald aber störte mich diese Lade,
fand den Makel einfach schade,
schob sie rein, nahm sie raus,
schliff ein bisschen Holz heraus,
ölte sie, schob Keile ein,
dennoch kam sie kein Stück tiefer rein.

So griff ich wütend mit der Hand
ganz tief hinein, bis ich ihn fand.
Da lag er nun total zerknittert
vor mir, vergilbt und an gewittert,
der Brief in einem unbeschrifteten Couvert.
Vor Aufregung ging meine Atmung schwer.

Ich drehte ihn nach allen Seiten
und erkannte: er stammte aus vergangenen Zeiten.
Kein Absender, keine Anschrift,
kein Abdruck von einem Stift.

Fuhr ich mit der Hand über das Papier,
spürte ich: es stammte nicht aus dem Jetzt und Hier.
Wem gehörte er, an wen sollte er geh'n,
warum sollte ihn anscheinend keiner je seh'n.
Soll ich ihn öffnen, was steht in ihm drin?
Ich schämte mich, das ich so neugierig bin.

Vielleicht sollte ich dem alten Besitzer ihn geben,
aber der Händler sagte ja er wäre längst nicht mehr am Leben.
Dem Händler ihn zu geben, dem das Gespür dafür fehlt,
für den, wie er sagt, nur Geld wirklich zählt,
nein das kam nun gar nicht in Frage,
ich sollte ihn weglegen, wenigstens für ein zwei Tage.

So legte ich ihn zurück in das Ladenfach,
legte mich Schlafen - doch ich blieb wach.
Die Neugier ließ mich nicht mehr in Ruh',
so setzte ich mich an meinen Schreibtisch im Nu.
Ich zog den Brief aus seinem Zuhaus,
öffnete ihn, zog seinen Inhalt heraus.
Dort stand in alter Schrift, so kunstvoll geschrieben,
als ob die Zeit wär' steh'n geblieben,
soviel über Liebe, Hoffnung, Zärtlichkeit,
über Sehnsucht nach vollkommener Zweisamkeit.

Zwischen den Zeilen las ich noch mehr,
        über Ängste, Trauer, Hingabe und Lebensmut.
Ich war so ergriffen, die Zeilen rührten, taten mir gut.
Ich konnte nicht lassen, meine Augen hingen an jedem Wort.
Ich fühlte mich hingezogen an diesen fernen Ort.

Diesen Brief, der an einem geliebten Menschen geschrieben,
von einer Person, die erkannte, was es heißt zu Lieben,
jedes Wort traf mit solcher Präzision,
in mir jeweils den richtigen Ton.
Es war so, als wäre diese Liebesmelodie
passend geschrieben für ihn, als auch für sie.
So zu schreiben ist göttliche Poesie.
Wer waren Verfasser und Empfänger, wer waren sie?

Lange hielt ich den gelesenen Brief noch in der Hand.
Ich einfach nicht in meine Welt mehr fand.
Die Nacht war längst vergangen,
der Tag schon halb vorbei.
So war ich von ihm gefangen,
mein Herz war schwer wie Blei.
Ich faltete den Brief Stück für Stück
und mit jeder Faltung kam ich ein wenig in meine Welt zurück.

Seitdem treibt mich die Frage,
ob auch ich werd' sein mal in der Lage,
so zu empfinden, die Liebe, das Leben so zu beschreiben,
wird es einen Menschen geben in meinem Leben, wird er bei mir bleiben?

Bekam der Empfänger den Brief vielleicht nie,
war dies das Original und nicht eine Kopie,
gab es den Anderen und das Empfinden,
oder war alles nur die Sehnsucht und reinste Phantasie?
Die Wahrheit werde ich wohl nie mehr finden.

Dieser Brief, so schön es auch wär'
gehört nicht mir, sondern dem Sekretär.
So stecke ich ihn zurück in sein altes Versteck.
Bei mir hat er erfüllt seinen poetischen Zweck.

Seitdem schreibe ich gerne, wenn auch nicht so gut,
aber als Hüter des Briefes macht er mir Mut,
eines Tages jemandes Herz so zu berühren,
der mich lässt auch so eine Liebe verspüren.

Geht dann der Sekretär, den ich so liebe,
später über in einen neuen Besitz,
dann wird das schwergängige Laden - Geschiebe,
bestimmt ihm verraten den versteckten Briefessitz.

Vielleicht sollte dieser Brief nur das in mir auslösen,
das der Sekretär nicht nur ein Platz ist zum dösen,
sondern das es ist ein Ort,
an dem man seine Gedanken bringt zu Wort,
um anderen in dauerhaftes Gedenken
die Liebe in Worten ewig zu schenken.

Liebe

Über kein Thema wurde soviel geschrieben, wie über die Liebe,
vielleicht deshalb, weil ohne sie, uns kaum etwas Bleibendes bliebe.
Keine Kinder, Enkelkinder, keine Familienbande,
keine Freunde, die sich wegen gleicher Emotionen fanden.

Auch kein Bild, Lied, Text und Gegenstand,
der nicht aus Liebe zum Detail entstand.
So ist die Liebe das Schöpferischste, was uns widerfahren kann,.
Drum' ist sie auch so wertvoll für Frau und Mann.

Und doch ist sie zugleich auch das Zerstörendste was es gibt,
wenn man sich, oder jemand anderen, mehr als alles andere liebt.
Das macht die Liebe so reizvoll, aber auch so gefährlich,
sie macht süchtig, ergänzt und erfüllt einen, macht sie unentbehrlich.

Und das Schlimmste dabei ist: es gibt keine Garantie auf Ewigkeit,
denn Liebe ist eine Leihgabe, ein Geschenk auf Zeit.
Sich darauf einlassen heißt, zu geben und zu nehmen,
sich vom Solosessel, vom Ego, zu bequemen.

Sich ihr hinzugeben heißt verwundbar sein.
Es gibt nicht mehr Dein und Mein,
aber ein Unser und doch bleibt jeder ein Individuum.
Ein Maß an Freiraum erlaubt und notwendig, alles andere wäre dumm.

Liebe ist ein stetes Werben um die Auserwählte, dem Auserwählten,
leben wir doch in einer Welt des Überangebots, an Konkurrenz,
                                        den ungezählten.
Die Konkurrenz schläft nicht, das ist gewiss.
Selbst im Altenheim, wenn auf dem Nachttisch liegt das Gebiss,
wird unverhohlt um einen neuen Partner geworben,
schließlich ist der Letzte, erst gestern, beim Seniorensport gestorben.

Aber es schmeichelt jeden, auch ohne Konkurrenz,
wenn des Partners Herz noch immer für einen schlägt,
                                        wie im frühen Lenz
Sag's mit Blumen, Präsenten, Gesten und Worten,
an allen möglichen und unmöglichen Orten.

Liebe und Zeit

Die Menschen eilen und hetzen,
tun sich pausenlos verletzen.
Sie verplanen ihr Leben,
sind immer dabei nach Höherem zu streben.
Nach noch mehr Anerkennung und Vorteilen,
sind gestresst und sagen: „Später, ich muss mich beeilen."
Und merken gar nicht wie die Zeit verrinnt,
weil keiner sich auf das Wesentliche besinnt.

Liebe und Zeit

Er müht sich, rackert und schwitzt,
weil er noch immer nicht soviel, wie sein Nachbar besitzt.
Der Neid zerfrisst ihn und treibt ihn weiter,
das Andere kommt später, wenn ich bin ganz oben auf der Leiter.
So erklimmt er Spross um Spross,
alle Energie er darin vergoss.
Was er nicht bemerkt ist das,
worum es im Leben wirklich geht, weil er es vergaß.

Liebe und Zeit

Freunde, Verwandte und Bekannte,
Kinder, Partner keinen, den er wirklich kannte.
Sich selbst hat er auch nie hinterfragt,
was die innere Stimme ihm auch immer sagt.
Selbst, wenn die Gesundheit ein Zeichen setzt,
fühlt er sich vom Körper betrogen und verletzt.
Er sieht nicht, was ihm fehlt,
weil alles Andere, aber nicht das Eine, zählt:

Liebe und Zeit

Erst wenn er am Ende seines Lebens steht,
oder ein Anderer aus seiner Nähe vor ihm geht,
erahnt er, was ihm ging verloren,
was für Narren er, wir waren, was für Toren.
Doch dann hilft kein Jammern,
sich an Tage, Minuten zu klammern,
auch nette Gesten, Worte und Zärtlichkeiten
verlieren sich in lieblos gewordene Weiten.
Zu spät macht sich die Erkenntnis breit
verloren ist :

Liebe und Zeit.....

Vieles in meinem Leben

Vieles hab' ich in meinem Leben erlebt.
Vieles, wonach ich habe nicht gestrebt.
Eine Menge von dem habe ich genossen,
doch auch einiges, wobei ich Tränen hab' vergossen.

Jeden Moment in meinem Leben,
das weiß ich, wird es nur einmal geben.
Dennoch wünsche ich mir für die schönen Tage,
immer mal wieder eine Neuauflage.
Für Tage mit schlechter Endung,
wünsche ich mir eine gute Wendung.

Doch da das Leben nicht wiederholbar ist,
versuche ich das Leben zu überrumpeln mit einer kleinen List:
Ich genieße die guten Tage so gut es geht,
was sich, so denkt man, von selbst versteht.
Doch meistens hat man nur wenig Zeit,
ich gönn' sie mir, am liebsten zu zweit.

Ach das ist schon die ganze Rezeptur?
Nein, nein wartet nur:
An schlechten Tagen soll es möglichst wenig geben,
das vermehrt die guten Tage in meinem Leben.
Drum ist das die schwerste Kür,
doch der Einsatz lohnt sich bestimmt dafür.

Sich ärgern, alles persönlich nehmen,
neidisch sein, sich gegen sein Naturell auflehnen,
bringt einen nur unnötig viel Pein,
dabei wollen wir alle doch nur eines - glücklich sein.
Schon sind viele gute Tage gewonnen,
mein Leben einer Last entronnen.

Auch Trübsal blasen über vergangene Tage,
die beschissen liefen und mich brachten in Rage,
sind nicht verloren, sondern ein Gewinn,
aus denen ich lerne, ich aufgeschlossener bin.
Ich nehme sie als Chance, als Geschenk,
an die ich dann positiv denk'.

Schon habe ich aus dem Tage-Pool des Lebens,
man kann sagen, es war nicht vergebens,
ein hohes Maß an Glück gewonnen.

Ganz ohne Leid und ohne Wehen
wird mein Leben nicht von statten gehen.
Das ist mir klar, so geht es uns allen.
Aber zu sagen: „Mir hat es trotzdem gefallen!",
das ist mir wichtig, alles Andere mir schnurz,
ob das Leben nun lang wird oder nur kurz.

Ideale

Mit vielen Idealen werden wir geboren,
damit wir mutig schreiten durch das junge Leben.
Doch mit den Jahren gehen sie verloren,
sie sind uns leider nicht auf Dauer gegeben.

Und so wird nach und nach das Ideale,
ersetzt durch das Wahre, das Reale.
Denn je älter wir werden,
desto besser verkraften wir die Dinge hier auf Erden.
Ob es uns gefällt oder nicht,
das Leben selbst zeigt uns sein wahres Gesicht.

Denn wenn auch eines nach dem anderen geht,
die Welt man danach viel besser versteht.
In jungen Jahren entflammt man für sie mit heißem Feuer,
werden sie rar, werden sie uns besonders teuer.
Aber halten können wir sie dennoch nicht,
sie verbrennen, spenden uns nur einmal Licht.

Sind sie alle dann eines Tages fortgegangen,
hat das Greisenalter angefangen.
Nichts bringt einen dann noch aus der Ruh',
wir schauen den Träumern dann mit einem Lachen zu.

Eine Erkenntnis, die für mich kam zu spät:
Erhebe nie ein Ideal zur Realität!
Die Enttäuschung und der Schmerz,
lassen am Leben zweifeln und zerreißen das Herz.

So hob ich manches Ideal,
zu meiner Lebensphilosophie, nannte es Moral.
Und mit jedem Verlust,
kam ich immer mehr in Verdruss.

Doch als nur noch ein Ideal übrig war,
wollte ich, das war mir klar
dieses um keinen Preis aufgeben,
dieses gehörte einfach zu meinem Leben.
Doch ein Ideal bleibt ein Ideal,
es gibt keine Ausnahme, das ist real….

Unbeschreiblich

Neulich, also vor ein paar Tagen,
genauer kann ich es gar nicht sagen,
habe ich etwas Bedeutsames erlebt,
sodass mein Inneres danach strebt
es Euch mitzuteilen
in Worten, in ein paar Zeilen.

Jeder kennt Dinge, die sind so wundervoll,
Erlebnisse, Empfindungen, ein Mensch, den man fand ganz toll.
So versuche auch ich die Bilder und Eindrücke zu beschreiben,
die mich bewegen, mich vorwärts treiben.
Egal was oder wer es auch war,
mir liegen die Bilder vor den Augen so leuchtend klar.
Und doch komme ich nicht auf die richtigen Worte,
wie bei einen Apfelkuchen, den ich er-schmecke, aber nicht die Sorte.

Und dennoch will ich versuchen,
um beim Beispiel zu bleiben, dem vom Kuchen,
Euch einen Eindruck vom Geschmack zu geben,
der Süße, die beginnt den Gaumen zu verkleben,
dem aromatischen, vielleicht leicht zimtigen Duft,
der schwer im Raum schwebt in wohlig, warmer Luft.
Dem zart schmelzendem leicht krumigen Biss,
dem folgt ein Zusammenlaufen der Säfte, dessen man ist gewiss.
Ich bin der Beschreibung nahe, aber treffe nicht den Kern,
von der Sorte bleibe ich weiterhin fern.

Aber nun zum Eigentlichen, wovon ich wollte berichten,
worüber ich die ganze Zeit wollte Euch schreiben in Gedichten.
Aber so ist das nun mal beim Schreiben,
es ist schwer beim Thema zu bleiben.
Man gibt sein Bestes, man will ja auch verstanden werden,
zu viele Dinge führten schon zu Unmut hier auf Erden.
Und ich möchte nicht das Ihr Euch grämt,
nur weil, durch unbedachter Worte, ich wirke unverschämt.
Auch möchte ich mich verstanden wissen in meinen Gefühlen,
die mich seit dem ergriffen, mich durchwühlen.

So komme ich jetzt zum Schluss,
nicht weil ich will, sondern weil ich an Euren Gesichtern seh': ich muss!
Ich sag es jetzt mit klaren Worten,
scheißt doch auf die Apfelsorten.
Wenn man etwas kann nicht beschreiben,
dann sollte man es lassen, das mit dem Schreiben.

Nun bleibt das, was ich Euch so gerne hätte gesagt,
für immer, zumindest aber auf unbestimmte Zeit, vertagt.
Ihr seid enttäuscht und ich entschuldige mich,
aber der Titel sagte es schon, es ist : unbeschreiblich...

Einen weiten Weg....

.... bin ich gegangen
bis ich Dich endlich fand.
Einen weiten Weg ganz unbefangen
ging ich mit Dir Hand in Hand.

Schaute ich dann unseren Weg zurück,
sah ich nur vollkommenes Glück.
Doch nun liegen auf ihm so viele Scherben,
der Blick zurück schmerzt, tut alles verderben.

Sind die Scherben auch nicht mehr da,
so ist der Weg nicht mehr der, der er mal war.
Vorbei sind die sorglosen Zeiten,
einen neuen Weg muss ich nun beschreiten.

Er ist nicht schön, er tut nur weh,
zu viele Steine stoßen an meine Zeh'.
Ich weiß, auch der erste Weg war damals steinreich,
doch hatte ich früher keinen Vergleich.

Drum fällt der Neue mir fürchterlich schwer,
ich wünsche mir den Alten, den ich liebte so sehr,
zurück wie ein trotziges Kind,
doch er flog davon, wie ein bunter Luftballon getragen vom Wind....

28

Wege

Wege nutzen wir im allgemeinen
um von A nach B zu kommen
und sie dienen ganz streng genommen,
Menschen miteinander zu vereinen.

Sie gibt es im und am Wasser, in der Luft und am Land,
sie führen häufig von der Mitte eines Ortes bis zu ihrem Rand.
Von oben nach unten, von hinten nach vorn,
vom Nordpol bis zum Kap Hoorn.

Sie sind mal kurz und auch mal lang,
sie haben ein Ende, aber auch einen Anfang.
Und sind sie oft auch sehr gefährlich,
so sind sie für alle doch unentbehrlich.

Manche sind leicht, manche schwer zu bestehen,
manchen kann man ein Ende nicht ansehen,
oder schafft ihn nicht zu Ende zu gehen.

Doch alle haben eines gemeinsam,
auf ihnen ist man nie wirklich einsam.

Es gibt auch Wege, sie sind anderer Natur,
sie gehen nicht durch Raum und Flur.
Sie zu beschreiten geht nur über die Zeit,
ein Ziel wirst du nicht finden weit und breit.

Diesen Weg von Anfang bis Ende kann nur einer gehen,
kein Wesen wird ihn jemals so wie du ihn sehen.
Er ist nur für dich allein bestimmt,
die Verantwortung, Gestaltung dir keiner nimmt.

Selbst wenn dich auf deinen Lebensweg ein anderes Wesen
ein Stück begleitet
und dein Weg mit Liebe schmückt und deine Sichtweise weitet,
so bleibt er doch nur der Deine.

Verlässt du dann für immer diese Lande,
verweht (verliert) dein Weg sich im Sande,
sei nicht traurig und weine.

Deine Spuren finden sich mit etwas Glück
auf den Wegen derer die du lässt zurück….

Die kleine Lumme

Ich stand vor der langen Anna auf Helgoland,
wo sich ein Nest der Lummen befand.
Die Eltern waren nicht am Nest,
nur eine kleine Lumme stand am Abgrund, starr und fest.

Sie schaute immer wieder in die Tiefe hinab,
schätzte dabei, scheinbar, ihre Chancen ab,
ob sie jetzt den Sprung kann wagen,
ob ihre Flügel, der Wind, das Schicksal, sie bis zum Meer tun tragen.

Denn fliegen kann sie noch nicht.
Und von hier oben ist keine gute Sicht,
auf die Gefahren, die vor ihr liegen
und doch muss sie ihre Angst besiegen.

Die Eltern, im Meer, taten auf das Junge warten,
denn sie spürten : bald wird es starten,
ins Ungewisse, ins eigene Leben!
Mehr als da sein, können sie ihm jetzt nicht geben.

Sie warten geduldig und voller Zuversicht,
schließlich haben sie von da unten, eine ganz andere Sicht.
Sie kennen den Sprung, mussten ihn selbst mal wagen,
in ihren Herzen tun sie Wehmut, Stolz und Erinnerungen tragen.

Und jetzt - ja jetzt - ist es so weit!
Die kleine Lumme macht sich bereit.
Sie macht einen großen, mutigen Schritt
und ein Teil von mir fliegt, fliegt von ihr unbemerkt, einfach mit.....

Urlaubsphänomen

Ich möchte heute von etwas berichten,
das wohl noch nie beschrieben wurde in Gedichten.

Es ist ein Urlaubsphänomen,
was vor allem im Süden ist zu sehen.

Aus den nordischen Gefilden und Gestaden
kommen Tausende um in der Sonne sich zu braten.

Ach wie herrlich ist es mit anzusehen,
wie weiße Bierbäuche und Sahneröllchen sich auf der Liege drehen
und das alles nur für einen Zweck:
Die weiße Farbe, die muss weg!

So werden die edlen Körperteile,
jeweils wie auf dem Grill, für eine Weile
der Sonne zum Garen hingewendet.
Doch wie beim Barbecue, so endet
nicht jedes in ein knuspriges Braun,
sondern in ein verbranntes Grauen.

Dennoch wird gesprochen vom zarten Rose :
Nein, nein es tut auch gar nicht weh!
Von Innen ist es noch immer ganz zart,
drum wird es noch weiter in der Sonne gegart.
Mit Ölen wird dabei nicht gespart.

Aus dem Rose wird Rot, gelöscht wird mit Bier,
schließlich sind wir wegen der gesunden Farbe hier!

Der Hochzeitstag

Vielen ist er wohl beschieden.
Einige haben ihn bewusst vermieden.
Andere sind schon wieder geschieden,
manche sind vorab oder darüber verschieden.

Mit anderen Worten ausgedrückt,
nicht jeder ist über ihn beglückt.

Vergessen wird er oft vom Mann,
der deshalb oft Nächte nicht schlafen kann.
Vergisst er ihn tatsächlich, aus Gründen wie auch immer,
sag' nicht warum, es macht es nur noch schlimmer.
In solchen Dingen sind Frauen sehr genau
und denken: du hättest ne' andere Frau.

Vergiss auch bloß nicht den Blumenstrauß,
nimm die Lieblingsblumen oder den Hochzeitsstrauß.
Vergisst du, für ein Jahr nur, ein Blümelein,
oder ist der Strauß ein bisschen zu klein,
tja dann hast du verloren
und du wünscht dir: du wärest niemals geboren.

Vergisst ihn aber deine Frau,
sei großzügig, nimm es nicht so genau.
Nimm sie lieber in den Arm,
dann bleibst du weiter ihr größter Schwarm.

Fällt dir dann noch ein Verslein ein,
den du aufsagst bei Kerzenschein,
dann bist du der Größte, hast keine Sorgen!
Jedenfalls bis morgen.

Es gibt Tage, die sind beseelt,
wer daran nicht glaubt hat sein Leben verfehlt.

Nun denkst du ich spreche aus Erfahrung,
weil ich erbringe Tipps und manche Ermahnung.
Aber das Gegenteil ist bisher der Fall,
ich bin nur bereit für den großen Knall!

Das rote Kleid

Sie war Mitte vierzig, verheiratet seid Jahren,
durchaus glücklich, darüber war sie sich im Klaren.
Zwei Kinder, einen Beruf, Urlaube, ein Haus,
gesund, gebildet, alles andere, als eine graue Maus.
Sie hatte, sie hatten so vieles erreicht,
auch wenn es nicht immer war leicht.
Und doch schien es ihr, es liefe in ihrem Leben einiges verkehrt,
sie fühlte sich alt und nicht mehr begehrt.

Waren es überhaupt ihre Ziele, war das ihr Lebenstraum,
sie fühlte sich gefangen in Zeit und Raum.
Ein Leben, ohne diese Lasten, nur für sich verantwortlich sein,
in ihr war doch mehr, als nur Ehefrau und Mutter sein.
Ausbrechen aus diesem vorbestimmten Leben,
es muss doch noch etwas anderes geben.
Noch einmal die Uhr zurückdrehen,
wer wünscht sich das nicht, wer könnte das nicht verstehen?

Die Menschen um sie herum wurden immer jünger, sie fühlte sich halt,
dem Leben ausgeschlossen, bemitleidet, man kann sagen: sie fühlte sich
alt.
Sie machte viel Sport, war besser als die jungen Frauen,
die Männer taten sich nach ihr wieder umschauen.
Sie blühte auf, sie fühlte sich wahrgenommen,
konnte von Komplimenten nicht genug bekommen.
Sie war, wie im Rausch, die Welt stand ihr wieder offen,
ein junger Kollege, seit Jahren nett, aber nicht mehr,
                    hat dann ihr Herz getroffen.

Noch einmal das Kribbeln spüren, war das erlaubt?
Er machte ihr den Hof und sie fühlte sich langsam
um ihren Verstand beraubt.
Und doch liebte sie ihre Familie, ihren Mann
und sie fragte sich, wie lang das wohl noch gut gehen kann.
Sie verbrachten die Pausen miteinander, mehr konnten sie nicht wagen,
in SMS und Telefonaten trauten sie sich mehr zu sagen.
Sie spielte mit dem Feuer, das wusste sie genau,
sich verführen lassen, die Liebe spüren als aufregend,
begehrenswerte Frau,
war alles an das sie jetzt noch dachte, mit allem was dazu gehört.
So bot sie eines Tages alles auf, was keinen Mann lässt unbetört.

Eine aufreizende Hochsteckfrisur,
sie alleine war der Wahnsinn pur.
Rote Pumps, schwarze Strümpfe, ein eng anliegendes, rotes Kleid,
umschmeichelnd die Hüfte, mit einem tiefen Rückenausschnitt,
nur kein Neid!
Selbstbewusst, anmutend tat sie sich bewegen,
so ging sie ihren langersehnten Abend entgegen.
Vergessen die Familie, der Ehemann,
die nichts ahnte, die man jetzt nicht beneiden kann.

Schon auf der Fahrt zum Treffen wurde sie von Männerblicken
förmlich verschlungen,
nie wurde bisher eine so schöne Frau in Liedern besungen.
Der Abend verlief, wie sie es sich erhoffte, er ergab sich ihr total,
sie war die Königin der Nacht, die Femme fatale....

Das rote Kleid Teil 2

Er war verheiratet seid vielen Jahren,
die perfekte Ehe, darüber war er sich im Klaren.
Fast 25 Jahre hat er sie schon geliebt,
Beruf, zwei Kinder, Urlaube, ein Haus, eine Liebe,
                      die es so nie wieder gibt.
Er war sich dieser Liebe so sicher, nie kamen Zweifel auf,
weder durch den vielen Sport und Kleiderkauf,
noch durch Anrufe, oder Änderung der Frisur,
sie wirkte auf ihn nur glücklich, wegen ihrer guten Figur.

Er fühlte sich zwar immer öfter allein gelassen,
und es tat ihm auch immer weniger passen,
doch gab er ihr nach, weil sie die Zeit für sich brauchte,
er spürte, wie sehr sie Angst vor dem Altern hatte
                und in den Traum von ewiger Jugend abtauchte.
Und weil er sie so liebte, ließ er sie gewähren,
kümmerte sich vermehrt um Haus und Kinder
                und merkte nichts von ihrem Begehren.
Als der eine Abend kam, der Abend, in dem sie im rotem Kleid
                        von ihm ging,
hatte sie nie besser ausgesehen, nicht mal, als sie bekam
                    von ihm den Ehering.

Eine Frau in den besten Jahren, nein in ihrem besten Jahr,
eine Hochsteckfrisur, goldblondes Haar.
Das alleine hätte ihn schon den Verstand geraubt,
aber dazu noch die roten Pumps, die Strümpfe
                und das rote Kleid, waren mehr als erlaubt!
In Sinnlichkeit nicht mehr zu überbieten, sie war die Königin der Nacht,
sein Herz schlug höher, seine Liebe zu ihr und sein Stolz waren entfacht.
Eine Weihnachtsfeier mit Kollegen und anschließendem Disco -besuch,
nie hätte er dabei geglaubt an einen bevorstehenden Vertrauens-
                    und Ehebruch.
Er war so verliebt, er ergab sich ihr total,
sie war die Femme fatale.....

Scheidungskind

Ich weiß, es ist nicht mehr zu ändern,
passieren tut's in allen Städten, in allen Ländern.
Doch warum traf es auch uns dreien,
ich könnte, vor Schmerz, nur noch schreien.
Denn ich bin ein Scheidungskind
meine Eltern sind für meine Gefühle taub und blind.

Mein Vater zog damals als erstes aus.
Er sagte, er müsse aus der Situation heraus
und es hätte nichts mit mir zu tun, alles würde wieder gut,
Kopf hoch, verlier' jetzt nicht den Mut.
Doch mir war klar: Ich bin ein Scheidungskind,
meine Eltern sind ratlos, taub und blind.

Seitdem hat sich vieles verändert, nichts ist mehr, wie es war,
auch meine Mutter und ich sind ausgezogen, vor einem Jahr.
Um das Eine und das Andere wurde gestritten,
beide haben, wie sie sagen, jeweils am meisten, unter
                                    der Trennung, gelitten.
Und ich? Ich bin nur ihr Scheidungskind,
für dessen Gefühle sind sie taub und blind.

Jeder hat seine Wohnung, sein Leben neu eingerichtet,
doch meine Welt, mein Leben wurde von Euch total vernichtet.
Ich kannte, im Gegensatz zu Euch, ein Leben ohne einander
                                    bisher noch nicht
woher soll ich Eure Freiheit kennen und Eure Zuversicht ?
Ich bin ein unerfahrendes Scheidungskind,
Ihr seid für meine Ängste taub und blind.

Während ich pendle, von dem einen zum anderen, Tag für Tag,
                                        Woche für Woche,
entstand bei meinem Vater eine neue Epoche.
Eine neue Frau trat in sein, unser Leben,
der soll ich nun einen Gute Nacht - Kuss geben,
doch ich bin nicht ihr, sondern ein Scheidungskind,
für meine Gefühle sind meine Eltern taub und blind.

Auch die Neue brachte Kinder mit aus ihrer ersten Ehe,
zu denen ich jetzt mit Bauchschmerzen gehe.
Mein Vater wünscht sich, dass ich mich für ihn freue,
das tu' ich einerseits, doch andererseits ich es auch verabscheue,
denn ich bin ein Scheidungskind,
für meine untergegangene Welt sind meine Eltern taub und blind.

Sie zogen zusammen, ein neues Heim für sie und ein Gästezimmer
                                                für mich
mein Vater hat kaum mehr Zeit für mich allein, die Situation
                                for mich : unerträglich!
Ich muss ihn teilen mit der neuen Familie, ich fühle mich als
                                fünftes Rad am Wagen,
doch bei wem soll ich mich darüber beklagen?
Denn ich bin ein Scheidungskind,
meine Eltern sind für meine Sorgen taub und blind.

Meine Mutter kommt ebenfalls mit der Situation nicht zurecht,
redet über beide immer nur noch schlecht.
Keiner von beiden kann mehr den anderen verstehen,
sie sich bei meiner Übergabe möglichst aus dem Wege gehen.
Ich muss aber allen begegnen, denn ich bin ein Scheidungskind,
wie ich mich dabei fühle, dafür sind sie taub und blind.

Inzwischen hat auch meine Mutter einen neuen Partner gefunden.
Auch er war, oder ist nicht mehr ungebunden.
So muss ich mich, nun auch hier, für alle freuen,
darf mich abfinden mit all' den, all' dem Neuen.
Denn ich bin ein Scheidungskind,
meine Eltern leben ihr Leben, für meines sind sie taub und blind.

Sie teilen mich auf, ob Weihnachten, Ostern und an den Geburtstagen.
Gerecht muss es sein und doch tun sie sich hinterher beklagen,
dass einer sich nicht an die vereinbarte Uhrzeit hat gehalten.
Feste und ich dienen nur noch als Ware, die man tut verwalten.
Denn ich bin ein, zu gleichen Teilen, aufgeteiltes Scheidungskind,
dass ich ein lebendes Wesen bin, dafür sind sie taub und blind.

Beide reden nur noch vom Ex und Ex- Schwiegereltern und
                                        verlorenen Zeiten,
all' die herablassenden Worte über ' Ex' tun mir großen Schmerz bereiten.
Anscheinend hat es nie eine gute Zeit gegeben,
aber sie reden hierbei über mein einstiges, glückliches Leben.
Ich bin doch das, aus ihrer Liebe, entstandene Kind !
Doch das scheint vergessen, ich war wohl selbst, mein ganzes Leben
                                        lang taub und blind!

Selbst an meinen ganz persönlichen, wichtigen Tagen,
können meine Eltern sich nicht mal mehr für ein paar Stunden ertragen.
So stehe ich da, allein gelassen und muss sie ja verstehen:
es kann sich ja nicht immer nur um mich sich drehen.
Denn ich bin nur eines von vielen, vielen Scheidungskindern,
doch das kann meinen tief sitzenden Schmerz, nicht lindern......

Ich bleibe für immer ein Scheidungskind

Die Sanduhr

Jede Sanduhr ist ein Unikat,
da jede einen anderen Inhalt hat.
Die Funktion ist jedem wohl bekannt,
doch seien die Einzelheiten noch mal benannt:

Zwei Räume, verbunden durch einen engen Spalt,
durch den der Sand beim Drehen halt,
scheinbar wahllos nach unten fällt,
Korn für Korn und ungezählt.

Die Schwerkraft lässt die Körner fallen,
keines kann sich am Korpus krallen.
Die Reihenfolge beim Fallen total egal,
entscheidend nur die vorbestimmte Durchlauf- zahl.

Wo die Körner unten auch landen ist nicht von Belang,
auch nicht der dabei entstehende Aufprallklang.
Ist kein Sandkorn mehr oben weit und breit,
spricht man von verronnener Zeit.

Und doch, schaut man seit mehr als einer Generation,
sich diesen Zeitstrom an, mit großer Faszination.
Durch den Strudel wird die Zeit sichtbar gemacht,
das hat in uns Menschen das Bewusstsein entfacht,
das die Zeit etwas besonderes ist,
was man gern' auch mal vergisst.

Schaut man sich die Uhr genauer an,
man sobald schon feststellen kann:
Das die Zeit sich zwar bei jedem Drehen gleicht,
das aber die Lage der Körner vom vorigem abweicht.
Nicht nur die Lage im oberen Korpus,
sondern auch in der Reihenfolge des Durchfluss'
Selbst auf dem Weg dorthin,
welches Korn macht den Beginn?

Auch die Lage nach dem Fall,
ändert sich nach jedem neuen Aufprall.
So viele Varianten, so viele Möglichkeiten,
wir sprechen dann von anderen Zeiten.

So ist auch jedes Leben ohne Vergleich,
das macht es ja so abwechslungsreich.
Alles wiederholt sich im Leben,
und doch wird es jedes nur einmal geben.

Das Leben ist wie eine Sanduhr,
eine bestimmte Zeit ist uns gegeben nur.
Oben die Zukunft, nicht vorhersehbar.
Im Spalt die Gegenwart - ganz klar.
Und unten die verstrichene Zeit,
man spricht auch von der Vergangenheit.
Ist sie, die Zeit, erst einmal im Fluss,
jedes Sandkorn seine Endposition erst finden muss.

So verschiebt, während der weiteren Körner-fälle,
sich das Gesamtbild, pausenlos und schnelle.
Einiges wird aus dem einstigen Zusammenhang gerissen,
was wir schön fanden, tun wir dann vermissen.
Und Übles wird zurecht geschoben,
solange was nachkommt - von oben.

Und durch ein immer neues Kombinieren,
wird das Leben nichts an seiner Faszination verlieren.
Fällt das letzte Sandkorn durch den Spalt,
ist das Leben - zu Ende halt.

Aber erst durch die endgültige Position,
ist auch zu Ende diese Lebenskonstruktion.
Und damit eine einmalige Geschichte des Lebens,
dessen Wiederholungsversuch - bleibt vergebens.

Das Café

An einem heißen Spätsommertag kam ich dürstend an einem Café vorbei,
dessen Name hab' ich vergessen, er ist auch einerlei.
Bis auf ein Tisch in einer Nische mit Plätzen für zwei,
war nichts in diesem anmutenden Café mehr frei.

Ich bestellte mir zu trinken und genoss die Sonne und das Geschehen
um mich herum,
da trat ein älterer Herr an meinen Tisch, vom Alter gezeichnet,
der Rücken ganz krumm
und fragte, ob der eine Platz noch wäre frei,
ich nickte bejahend, fand nichts ungewöhnliches dabei.

So setzte er sich zu mir und lächelte mich dankbar an,
ich bekam mein Getränk, er das seine, ich prostete ihm zu - und dann -
begann ein Plaudern, erst harmlos oberflächlich, doch dann ging es
in die Tiefe,
wir vergaßen um uns alles, als ob die ganze Welt um uns schliefe.

Er erzählte aus seinem Leben, von der Kindheit über seine große Liebe,
bis zu dem Leben von heute und die Frage nach der Zeit,
die ihm noch bliebe.
Ich tauchte ein in seine Welt, fasziniert, gefesselt,
diesen Platz zu tauschen - nein für kein Geld der Welt.

Mir wurde ein ganzes Menschenleben an einem Tag vorgetragen,
und ich muss mir eingestehen, und das kann ich ruhigen Gewissens sagen,
war ein Geschenk, gerade in diesen kurzlebigen, gehetzten Tagen,
wo die Menschen immer weniger nach dem Persönlichen bei sich und
anderen fragen.

Diesen Mann sah ich plötzlich mit ganz anderen Augen vor mir sitzen,
nicht alt, sondern als Kind, wie er tat mit Wasser in der Zinkwanne
spritzen.
Als junger Mann, wie er in den Krieg und das Elend zog,
wie man ihn, um seine Jugend und seinen Glauben
an die Menschheit betrog.

Wo das Erlebte ein nicht mehr in Ruhe lässt, man es verdrängt, die
                              Wunden aber nicht heilen,
wenn man vom gefallenen Vater nur noch besitzt ein paar Feldpostzeilen.
Und später, als Liebender und fürsorglicher Vater, mit
                              wiedergewonnenem Vertrauen,
seinen, wie er sagt, besten Jahren, wo noch Raum war,
                    um in eine gemeinsame Zukunft zu schauen.

Sein ganzes Leben lag vor mir ausgebreitet, wie ein offenes Buch,
kein Groll, kein Hader, nicht ein einziges böses Wort, noch ein Fluch.
Selbst als das Liebste ihm genommen wurde, vor geraumer Zeit,
leuchteten seine Augen, als säße sie bei uns und wäre nicht weit.

Man sah diesem, Leben erprobten, Menschen deutlich an,
das ihn nichts mehr aus der Ruhe bringen kann.
Es störte ihn nicht, dem Tode näher zu sein, als dem Leben,
doch eines dauerte ihn, das alles was er liebte vergessen ist,
                    wenn es auch ihn nicht mehr wird geben.

Das war, so sagte er, wohl der Grund, warum er bei mir saß,
                              an meiner Seite,
das seine Geschichte nicht vergessen wird, da sie mich
                              in Zukunft nun begleite.
Es dauerte bis ich seine Worte wirklich verstand,
dann stand er auf, bedankte sich fürs Zuhören und verschwand.

Seitdem trage ich nun seine Geschichte in mir,
nicht nur seine, denn seit jenem Tage, öffne ich Tür für Tür,
von Cafés, Kneipen, öffentlichen Plätzen,
denn jeder Mensch steckt voll mit Lebensschätzen....

Der Kneipier

Dunkel, kalt, Regen-schwanger die Nacht,
irgendwo und wann, zwischen Mitternacht und acht.
Niemand auf den Straßen, Melancholie wog schwer,
keinen trieb es raus, eine Nacht seelenleer.

Eine Leuchtreklame an einer Häuserfront,
verhieß Schutz, ein Lichtblick am Horizont.
Sie versprach Wärme, Speis' und Trank,
das Wetter dagegen machte Körper und Seele krank.

Das hat sich sich wohl auch dieser Mann gedacht,
der aus dem Nichts erschien in dieser Nacht.
Unsicher, ein Verlorener, nicht von hier.
So stand er nun in der aufgerissenen Tür.

Es war eine kleine traumhaft, anmutende Bar
und ihm war sofort klar, das er der einzige Gast hier war.
Die Bar sauber, wie geleckt, ganz fein,
ein Staubkorn wäre hier ein Stein.
Mehr noch, behaglich, ein Ambiente, eine Perle,
nichts für raue, ungeschliffene Kerle.

Nein hier schien alles so eingerichtet
und mit Detail geschmückt, dazu warm ausgelichtet,
als ob der Gast zu Hause ist,
und seine Sorgen schon an der Tür vergisst.

So erging es auch unserer einsamen Seele,
gerührt vor Verwunderung und merklich trockener Kehle.
Er trat staunend immer näher an den Tresen,
als wäre er schon mal hier gewesen.

Hinter dem Tresen ein Spiegel an der Wand,
wie in Saloons, aus Western uns bekannt.
Und links und rechts davon in Regalen,
Erlesenes, Gläser und Schalen.

Ein Blick auf die Garderobe hatte gereicht,
und eine Hand berührte den Gast ganz seicht.
Es war der Wirt, ein umsichtiger, unauffälliger Mann
mit wissendem Gesicht, dessen Alter man nicht schätzen kann.

Und mit geschickter Hand, gleich einem Wimpernschlag,
hing Hut und Mantel am Haken, und mit ihnen der ungeliebte Tag.
Auf dem mittleren Platz am Tresen,
begann er die Getränkekarte zu lesen.

Auf ihr stand nur ein einziger Satz geschrieben:
Beginne mit dem, was dir ist geblieben,
Suche nach dem, was dir ging verloren,
überlege, was du dir wünscht, wenn du würdest nochmal geboren.

Der Gast legte die Karte hin,
ihm erschloss sich nicht der Sinn.
Dem Kneipier blieb das nicht verborgen,
sah den Gast an und sah seine Ängste, Qualen und Sorgen.

Mit einem Lächeln im Gesicht,
sprach er: „Du sitzt hier vor Gericht.
So sitzen sie alle, die hier her kommen,
doch noch hat jeder was von der Karte genommen."

Der Gast dachte noch immer an einen Scherz,
doch plötzlich wurde ihm warm ums Herz.
„Warst Du nicht auf der Suche nach einem Ort,
wo die Kälte schwindet, und ist sie nicht schon fort?

Wolltest du nicht dem Alltag entfliehen,
dich der einsamen Nacht entziehen?
Fühltest du dich nicht auf Anhieb hier geborgen?
Du willst doch vergessen Kummer und Sorgen?"

„Wer bist du, was willst du? Ich deine Fragen nicht versteh' ?"
„Ich bin hier nur der Kneipier!
Die Frage ist nicht wer ich bin,
sondern wer du bist, ganz tief in dir drin."

Der Kneipier stellte sich vor den Spiegel und sagte:
„Was du hier siehst ist der Kläger, der Richter, Anwalt und Angeklagte."
Und er ging zur Seite
und da saß der Gast natürlich in voller Breite.

Dann stellte der Kneipier drei leere Flaschen und ein Glas auf den Tresen:
„Die Flaschen stehen für die Dinge von der Karte, die du hast gelesen,
das Glas dient zum Innehalten,
nicht um zu ertränken deiner Ungestalten.

Jeder Gedanke wird aufgefangen und in die Flaschen transferiert,
das Gegenteil von dem was sonst üblich in Kneipen passiert.
Nur Mut, probier's - viel Glück!"
Mit diesen Worten zog er sich zurück.

Der Gast glaubte weiterhin an einen Scherz,
nahm die Karte zur Hand und es machte einen Ruck in seinem Herz.
Was ist mir geblieben? Die erste Flasche füllte sich ein Stück.
Die Neugier war entfacht, die war ihm geblieben, welch ein Glück.

Von diesem Anfang beflügelt und angetrieben,
war keine der drei Flaschen am Ende leer geblieben.
Geschafft von der Befüllung,
trunken vor Glück und Erfüllung,
sah er zum ersten Mal seit ewigen Zeiten,
im Spiegel keine Richtbarkeiten.
Nur einen freien Mann,
der neu beginnen kann.

Wie auf Bestellung kam der Kneipier:
„Du bist fertig, wie ich seh' !"
Und er nahm den Mantel vom Haken und auch den Hut
und sprach: „Wars't du zufrieden, war alles gut?"

Und der Gast antwortete berauscht, wie er noch war,
das es die beste Erfahrung war mit einer Bar.
„Was habe ich zu bezahlen, was muss ich geben?"
„Nichts, außer Dein altes Leben.
Lass es einfach an der Garderobe hängen,
denn es ist nur voll von deinen alten Zwängen."

Der Gast bedankte sich und ging,
ein neues Leben ihn umfing....

Hinter dem Kneipier, im Regal hinter dem Tresen,
ist nun, in drei Flaschen, eine neue Geschichte zu lesen.

Flaschenpost

Nach langen, gewaltigen Stürmen,
tun sich viele Dinge am Strand auftürmen.
Seetang, Muscheln massenhaft,
Quallen, Seesterne, die es nicht mehr schafften aus eigener Kraft,
zurückzukehren in ihre Gefilde.

Und nicht nur Meeresbewohner gibt die See dann her,
auch Dinge, die nicht stammen aus ihr, manche Tonnenschwer.
Und manchmal ganz, ganz Kleine,
die sich verfingen in Seetang oder Angelleine.
Das Meer, urgewaltig, eine ungezähmte Wilde.

Und ganz selten, aber nur mit etwas Glück,
kehrt auch Geschichte an den Strand zurück.
Teller, Klinkersteine, glatt geschliffene Scherben,
Walknochen mit Harpunen-kerben.
Heiß begehrt das Meeresgold, auch Bernstein genannt.

Wonach aber jeder gerne schaut,
das Meer sie meist aber in Trümmer haut,
sind Flaschen, nicht mit erlesenen Tropfen,
sondern gefüllt mit Nachrichten, die das Herz bringen zum Klopfen.
Hilferufe von Gestrandeten, auch als Flaschenpost bekannt.

Solche Dinge sind wahrlich rar,
manche treiben Jahr für Jahr,
immer in der gleichen Bucht,
oder werden zerschlagen an Felsen mit voller Wucht
Und traten so ihre Reise niemals an.

Und die, die es schafften vom Ursprungsort wegzukommen,
wurden zum Teil undicht und die Schriften verschwommen,
zu einem verwaschenen blau oder braun
und sind alles andere, als schön an zu schau'n,
so das keiner die Botschaft mehr lesen kann.

War sie nur aus Jux geschrieben,
war sie als Abschiedsbrief gedacht an die Lieben?
Diente sie als Strömungsmesser für die Wissenschaft,
kam sie gar von einem Schiff, wo Menschen saßen in Haft
oder war sie ein letzter Gruß eines sinkenden Schiffs, bevor es in den
Tiefen verschwand?

So sind Millionen wohl nach hunderten von Jahren,
und darüber sind wir uns alle wohl im Klaren,
verloren gegangen für alle Zeiten,
in den Meerestiefen und ihren Weiten.
Es gibt kein Auffinden an einem Strand.

Kein Mensch wird von ihnen je erfahren,
in welchen Dilemma die Personen steckten, in welchen Gefahren.
Verloren für immer, ungehört der Hilfeschrei,
als sie zerbrachen, sie gingen entzwei.
So endet vieles im Leben ungehört und unausgesprochen.

Das erklärt vielleicht die Faszination mal selbst eine zu verfassen,
Gefühle, Gedanken einfach fortwerfen und ins Ungewisse treiben
zu lassen.
Ohne sich an einem bestimmten Adressaten zu binden,
ohne Gewähr das man sie wird jemals finden.
Nur getragen von der Hoffnung sie bleibt auf ewig ungebrochen....

Der Baum

Mitten im Wald stand ein uralter, riesiger Baum.
Dieser hatte einen einzigen, bescheidenen Traum.
Von diesem möchte ich hier berichten.

Vorab muss ich aber ein wenig aus seinem Leben erzählen,
wobei vieles nicht belegbar ist und einiges wird fehlen.
Einiges kennen wir auch aus anderen Geschichten.

Und doch ist sein Leben einzig in seiner Art,
denn die meisten erleben und das ist hart,
kaum mehr als hundert Jahre.

Ein Baum ist nur noch Rohstoff aus Holz
und gerade Stämme macht die Förster stolz.
Ein Baum ist heute nur noch Wirtschaftsware.

Unser Baum, von dem ich nun berichte,
ist so alt, man darf sagen, er ist lebendige Geschichte.
Und wenn er sprechen könnte oder schreiben,

würde er sagen: das es nicht immer so war,
er und seine Brüder waren Götter und verehrt Jahr für Jahr.
So sollten sie für immer in unseren Gedanken bleiben.

Aber nun erst mal aus seinem Leben:
Am Anfang hat es Vater und Mutter gegeben.
Von denen weiß ich nicht allzu viel.

Es heißt, sie sind schon älter gewesen,
haben sich nie gesehen, es gibt nichts über sie zu lesen.
Eine weite Verbreitung der Samen, war ihr Ziel.

Und so keimten an einem Frühlingstag,
er und tausende Geschwister auf einen Schlag.
Der Wettlauf des Lebens nun begann.

Viele seiner Geschwister starben kaum geboren,
da sie den Kampf ums Licht schnell verloren,
oder sie wurden gefressen, zertreten, dann und wann.

Doch unser Baum, er wuchs über die Jahre schnell,
immer nach oben, wo es war so hell.
Keiner hielt ihn dabei auf.

Menschen gab es nicht weit und breit,
jedenfalls nicht zu seiner Jugendzeit.
So nahm die freie Entwicklung seinen Lauf.

Er streckte sich nach allen Seiten,
wurde prächtig, stattlich, schon zu Columbus Zeiten.
Da nahm die Menschheit schon beachtlich zu.

Es wurde schon in weiter Ferne,
und das sah unser Baum, gar nicht gerne,
Holz geschlagen für Häuser, Schiffe, ohne Rast und Ruh'.

Geschlossene, riesige Waldungen,
verschwanden langsam aus den Erinnerungen.
Die Zeit der Ehrfurcht, der Baumgötter war nun vorbei,

Stattdessen gab es Brandrodungen in großer Zahl,
damit Ackerflächen entstanden, die Landschaft wurde kahl.
Das Leben im Wald war nicht mehr sorgenfrei.

Und später, zur Zeit der Industrialisierung,
diente Holz der Papiererzeugung und Wegwerfmöblierung.
Nur wie ein Wunder, blieb unser Baum erhalten.

Alle seine Weggefährten und Verwandten,
starben unter Äxten und Sägen und verschwanden.
Nur ihn ließ man stehen, den knochigen Alten.

Eine Parklandschaft entstand um ihn herum,
der Mensch primitiv und dumm,
dachte das genügt an Natur.

Statt wie früher, ein Uhu -Horst oder Adlernest,
wurde genagelt ein Schild mit Eule an seinem Stamm ganz fest.
Das stand jetzt für Naturdenkmal und schützenswert – nur,

Ein Genaustausch, ein wirkliches Leben,
kann ein Schild doch nicht geben!
Ringsherum wurde alles asphaltiert.

Häuser, hoch wie Berge, stickige Abgasluft,
kein Vergleich zum früheren Waldesduft.
Er lebte noch und wurde doch als Denkmal degradiert.

Eine Hundeanlaufstelle, ein Mülltütenabstellplatz, mehr nicht.
Unter ihm fuhr eine U- Bahn, Wasser für die Wurzeln nicht in Sicht.
So erkrankte der Baum immer mehr.

Rückschnitte Jahr für Jahr, brachten nicht viel,
ein Sterben auf Raten, war des Menschenziel.
Und so wünschte er sich nur das eine, aber das so sehr:

Wenigstens bei einem seiner Widersacher,
mehr zu sein, als ein Störenfried für freies Bauen und Dreckmacher.
Und siehe da, sein Wunsch wurde erhört.

Ein Baumfreund, ein Öko-Abgesandter,
schrieb ein paar Zeilen, setzte ihn, den Baum dorthin, wo er hingehört:
Mitten in den Wald, wo er einst lebte völlig ungestört....

Wenn ich nicht mehr bin

Zwei Drittel meines Lebens sind nun um.
Meine Kindheit ist seit langem stumm.
Und doch sehe ich sie noch vor meinem geistigen Auge,
aus dem ich nach wie vor Mut und Kraft für das letzte Drittel sauge.
Und in dieses Drittel setze ich all' mein Erlerntes, all' meine Kraft,
bevor mich eine Demenz, eine Pestilenz für immer hinrafft.

Ich will die Zeit noch nutzen, bis ich nicht mehr bin.

Ich frage nicht nach einen geheimnisvollen Lebenssinn,
gewesen sein zu dürfen, war mehr als ein Lottogewinn.
Keinen Hunger und Krieg musste ich erleben,
keine Naturkatastrophen, wie Vulkanausbrüche, zerstörende Erdbeben.
Hier und da mal eine Enttäuschung, ein kleiner Streit,
zu mehr wäre ich auch nicht bereit.

So darf es gerne bleiben, bis ich nicht mehr bin.

An sehr vielen Orten bin ich nicht gewesen,
so viele gute Bücher blieben von mir ungelesen.
Und doch liegt darin vielleicht auch das Positive,
denn im Wenigen steckt mehr Zeit für's Intensive.
Das Leben würde eh' für alles Schöne nicht genügen,
wer das nicht einsieht, tut sich selbst betrügen.

Diese Erkenntnis beruhigt mich hoffentlich, bis ich nicht mehr bin.

Und doch wünschte ich mir noch unendlich viel Zeit,
meine Neugier ist noch längst nicht erschöpft, mein Geist daher noch
lange nicht bereit
die Erde zu verlassen, die Freunde, die Familie,
das Meer, die Berge, den Wald, die Tier- und Pflanzenwelt, das Grazile.
Soviel ist noch zu entdecken, gerade im Reich der Gefühle und der Sinne.
Nicht nur da draußen, sondern auch tief in mir drinne.
Vieles bleibt wohl ewig unentdeckt, wenn ich nicht mehr bin.

Selbst das von mir Entdeckte, weiß ich, geht nach mir wieder verloren,
es ist nicht für die Ewigkeit, nur für mein Leben bestimmt gewesen
und auserkoren,
damit ich mein Leben mir, wie mein Heim, einrichten konnte,
in dem ich mich beschützt fühlte, in dem ich mich sonnte.
Vielleicht liest du eines Tages diese Zeilen,
tust meine Entdeckungen, die jetzt die Deinen sind, mit mir teilen,

dann sei nicht traurig, wenn ich nicht mehr bin.

Dein Leben ist dein Heim, die Einrichtung der Räume,
entspricht deinem Erlebten und einer Auswahl deiner Träume.
Wenn du dein Heim dann mit meinen kurzen Zeilen schmückst,
ist mein Geschriebenes, dein Gelesenes,
wenigstens für uns etwas Auserlesenes.

Dann bleibt noch etwas von mir, wenn ich nicht mehr bin....

Das neue Temperament

Europa

Es war einmal, so beginnen viele Märchen
und meistens enden sie mit glücklichen Pärchen.
Auch diese Geschichte ist eine Solche,
doch versuchen menschenverachtende Strolche,
diese Liebesgeschichte zu zerstören,
da sie selbst zu den narzisstisch, eifersüchtigen Menschen gehören.

Und durch Hetze, Neidschur und obskuren Versprechen,
begehen sie ein politisches und gesellschaftliches Verbrechen.
Nationalstolz, Misstrauen und wieder Grenzen errichten,
ein Wir - Gefühl, eine gemeinsame Zukunft einfach so zu vernichten,
ist eine Enttäuschung für eine wirklich gute Idee,
auch wenn ich nicht alle Entscheidungen in Brüssel kenne und versteh'!

Jede Partnerschaft ist ein Nehmen und Geben,
nicht Materielles ist entscheidend, sondern das miteinander Leben.
Beziehungen mit Misstrauen in welcher Form auch immer,
machen ein Zusammenleben nicht besser, sondern schlimmer.
Der Grundgedanke des Zusammenlebens ist das Gemeinwohl,
ohne dessen, wäre das Leben dumpf und hohl.

Täte der Mensch es doch nur einmal begreifen
und würde Geduld haben und die Saat nicht zertreten,
                          bevor sie beginnt zu Reifen.
Dann hätten wir vielleicht alle was von der Frucht,
und kein Mensch müsste weltweit mehr sein auf der Flucht.
Weder vor Hunger, Naturkatastrophen noch Krieg,
dann hätte nicht die Habgier, sondern die Vernunft
                          und die Liebe davongetragen den Sieg.

Europa, du Hoffnungsschimmer am Horizont, du leuchtend Schöne,
kämpfe für deine Töchter, deine Söhne!
Gib' nicht auf, den Traum von einer besseren Welt,
du bist die Keimzelle für ein Ideal am globalen Himmelszelt.
Bildung, Wohlstand, Frieden, Umweltschutz, Glaubensfreiheit,
all' das und vieles mehr, kostet, kostet aber vor allem Zeit.

Für diesen Traum, den auch ich träume, steht mein Gedicht,
auch wenn es in der Welt hat kein Gewicht.

Glauben

Glauben, heißt: nicht wissen!
Und doch ist die Welt darüber so zerrissen.
Und so streitet sich die ganze Welt,
darum, wer zu den richtigen Gläubigen zählt.

Anscheinend hat noch keiner von ihnen daran gedacht,
das nicht Glauben, sondern Wissen ist, die wirkliche Macht.
Aber das Wissen, um ein einfaches Leben und seinem Ende, ist
                                        unbequem,
an einen tiefen Sinn und ein Paradies zu glauben, so was von angenehm.

Glauben hilft, dem Leben einen Sinn zu geben,
das Gute vorzuleben, um nach was Höherem zu streben.
Es gibt den Menschen innere Sicherheit, Frieden und Halt,
egal in wessen Namen und Gestalt.

Aber muss, um den wahren Glauben, so heftig gestritten werden,
das das Leben zur Hölle wird hier auf Erden?
Der Mensch ist doch gleich gebaut,
voller Liebe, wenn er sich traut.

Warum lässt der Mensch sich so leicht von anderen aufhetzen,
anstatt in sich zu horchen und auf sein Herz und Verstand zu setzen?
Glauben ist an sich nichts schlechtes,
ein Großteil der Gebote durchaus was gerechtes.

Und auch die, die ohne Glauben leben,
können der Gesellschaft vieles geben,
auch wenn sie nicht belohnt werden von einer 'höheren Instanz',
leben sie doch viel friedlicher und zufriedener durch ihre Toleranz.

Denn Wissen heißt Arbeiten am Geiste,
und nicht auf die zu hören, dessen Verstand entgleise.
Nicht der, der am lautesten Hass verbreitet,
ist vom Höheren, was auch immer, geleitet.

Es ist, wie überall im Leben,
nicht jedem Menschen gegeben,
andere, ohne zu Neiden, einfach nur zu lieben.
So ist ihnen nach Enttäuschungen meist nur Verachtung geblieben.
Sie denken sie würden an Antlitz verlieren,
täten sie andere, so wie sie sind, akzeptieren.

Und so wird aus geringem Selbstwertgefühl und Selbstmitleid,
anderen eingebläut: man wüsste über das Leben voll Bescheid.
Und gibt irgendjemanden die Schuld an der eigenen Misere,
was leichter ist, als eigene Lebenslehre.

Wer hat Schuld, immer diese nichts bringende Frage,
eine Frage, die ich kaum mehr ertrage.
Fehler werden nun mal immer wieder gemacht,
alles wiederholt sich im Leben, schon mal daran gedacht?

Es gibt Nimmersatt's und Alles -geber,
Faule und fleißige Streber.
Aggressive und friedliche Naturen,
Pilger und Menschen auf Darwin's Spuren.

Hassende, Mörder, Ehebrecher, Diebe,
Unglückliche, Glückliche und die über den Tod hinausreichende Liebe.
Wünschen tun wir uns doch alle das Letztere im Leben,
doch dafür müssten wir das wertvollste was wir besitzen geben:

Vertrauen, uns öffnen, Schwäche zeigen,
doch tun wir lieber dazu neigen,
genau das Gegenteil aus Selbstschutz zu offerieren,
und so wird es uns wieder und wieder passieren,
das alles beim Alten bleibt,
der Mensch sich am Glauben zerreibt.

Mein Motto oder Credo lautet daher
und dem zu Folgen ist gar nicht schwer:
Glaube nicht an Gott, sondern an das Gute im Menschen....

Extreme

Es gibt im Leben Herausforderungen,
denen wir ausgesetzt sind, notgedrungen.
Dann müssen wir, um zu überleben,
alles was wir aufbringen können, geben.

Es gibt eine Vielzahl solcher Fälle,
eine kleine Auswahl soll genügen an dieser Stelle:
Rekordhitzen und Trockenzeiten,
Überschwemmungen, Stürme, die Mensch' und Tier viel Leid bereiten.

Doch gibt es noch viel mehr an Extremen,
die mir Sorgen machen, die wir scheinbar nicht im Stande
                              sind zu zähmen.
Hausgemacht aus welchen Gründen auch immer,
sie machen das Leben nicht besser, sondern schlimmer.

Den Naturgewalten können wir nichts entgegensetzen,
von denen ich berichten will schon, auch wenn ich den Einen
                    oder Anderen tu' mit meinen Worten verletzen.
Ob in der Politik, der Religion, Sport, Wirtschaft oder Soziologie,
sie anzusprechen ist wichtig, in meinen Augen, wie noch nie.

In der Politik, um mit einer Kategorie zu beginnen,
scheinen die Menschen in letzter Zeit die Wahlen zu gewinnen,
die aus Machtbesessenheit, nicht aus Nächstenliebe gewählt werden.
Das ist schade, denn solche fehlen langsam hier auf Erden.

Geld fließt reichlich für Großprojekte und Statussymbole,
doch für Infrastruktur, Bildung, günstigen Wohnraum gibt es keine Kohle.
Wichtig ist ein Weltstadt- Prestigegedanke,
obwohl es immer mehr Alte gibt und Kranke.

Bürgermeister, die Pharaonen-gleich
sich kaum von der Elbphilharmonie erholten,
        schon träumen vom Wolkenkratzerreich.
Und der mündige Bürger wird mit Brotkrümeln milde gestimmt,
der sie auch, wie ein Schaf, dankbar annimmt.

Handwerker, die auf ihren Rechnungen sitzen bleiben,
keinen Politiker kümmert's, Hauptsache große Show, wildes Treiben.
Ein Wettrüsten auf allen Ebenen, nicht wirklich in die Zukunft schauen.
An Lobbygruppen, an die Wirtschaft, sie sich nicht annähernd trauen.

Brot und Spiele, wie im antiken Rom, lähmen die Geister,
sich aufraffen, befreien fällt schwer, wenn man am Stuhl klebt,
                                als ob er vollgeschmiert ist mit Kleister.
Hamburg als Umwelthauptstadt vor Jahren gekürt,
und doch wird uns der Hals immer mehr zugeschnürt.
Mehr Autos, Dampfer, Kohlekraftwerke und Flugzeugemissionen,
Hauptsache es tut sich für die Wirtschaft kräftig lohnen.
Der Bürger sitzt im Lärm und Mief,
wird gegeneinander ausgespielt, das Spiel klappt - es nie besser lief.
Alles Randgruppen, ob Rentner, Kinder, Radfahrer, Fußgänger et cetera,
einzeln sind sie für niemandem eine Gefahr.

Jeder ist sich selbst der Nächste, das wird auch gerne so geschürt,
bloß an die Verursacher wird nie wirklich gerührt.
Gewerkschaften am besten gleichgeschaltet, die Unbestechlichen
                                mundtot gemacht,
damit der Großaktionär über hohe Dividende lacht.

**Wer, wenn nicht wir aus den Wohlstands - und Bildungsländern,
kann an dieser Situation was ändern?**

Und da die Wirtschaft mit der Politik ist so verwoben,
will ich sie gleich als nächstes hoch loben.
Großaktionäre machen, mal eben, in einem Jahr eine Milliarde an
                                Gewinnen,
da fragt man sich nach Verhältnismäßigkeit und ob der Mensch ist noch
                                bei Sinnen.

So viel Geld kann kein Mensch allein ausgeben,
dafür kämpfen Milliarden Menschen weltweit um ihr Überleben.
Das Geld ist knapp! - ist eine Mär,
es wurde nur, von den Reichen, gezogen aus den Verkehr.

Die Habsucht, der Neid und die Gier,
die gibt es nicht nur im Ausland, sondern auch hier.
Nicht die, die am meisten verdienen, haben den schwersten und
                                        verantwortungsvollsten Beruf,
sie verwechseln es nur mit einem 'angeblichen' guten Ruf.

Ohne Skrupel werden Gelder ins Ausland verschoben,
die Gehälter, Boni, Sonderzulagen, Dividende in den Himmel gehoben.
Der kleine Mann, die kleine Frau, muss ein schlechtes Gewissen haben,
                                        und das ist der Hohn,
will sie, er mehr haben als 2-3 % oder noch schlimmer, gar mehr als
                                        Mindestlohn.

Vollzeit tätig, mehr als vierzig Jahre und körperlich ein Wrack,
Rente so hoch, wie das von vielen beschimpfte, 'Sozialhilfe- Pack'.
Doch wenn sich Arbeiten gehen für viele nicht mehr lohnt,
weil ein Anderer, wie Dagobert Duck, auf Geldsäcken thront,

dann ist am System so einiges verkehrt,
doch es gibt keinen, der sich massiv darüber beschwert.
Und die, die es versuchen werden belächelt und diskreditiert,
so sehr hat sich der Missstand in der Gesellschaft schon manifestiert.

Die Demokratie ist wertvoll ja, wenn sie funktioniert,
aber nicht, wenn sie vom Geldadel wird regiert.
Unterschiedliche Gehälter darf es geben, als Anreiz für Arbeiten,
                                        die kein anderer will und kann.
Wo eine lange Ausbildung von Nöten ist - ja dann.

Doch diese Auswüchse sind weder edel noch vornehm,
für diese Extreme tu' ich mich nur noch schäm'!
Es wird immer Menschen geben,
die nicht mithalten können im Arbeitsleben.

**Aber wer, wenn nicht wir aus den Wohlstands - und Bildungsländern,
kann an dieser Situation was ändern?**

Mit der Religion ist es nicht besser bestellt,
regiert auch hier Macht und Geld.
Jede Religion hat Angst an Einfluss zu verlieren,
versucht Gläubige zu halten oder zu rekrutieren.

Mit Modernisierung tun sich alle Religionen schwer,
dabei waren die Gründer der verschiedenen Religionen erst mal
                                    Modernisierer - nicht mehr.
Würde man bescheiden, wie die Gründer selbst es waren, miteinander
                                    diskutieren,
täten sich die Glaubensgemeinschaften untereinander wahrscheinlich
                                    mehr akzeptieren.

Mehr Toleranz, Mit- und Füreinander und Liebe sollte die Botschaft sein,
da stimmen doch alle Religionen miteinander überein.
Warum nicht dann auch untereinander,
ein wir, egal ob schwarz oder weiß, Gesellschaftsunterschiede,
                                    ob klug oder dumm,
Hauptsache, Waffen jeder Art, bleiben stumm!

Denn dann hätten wir, was wir scheinbar verloren haben für immer,
ein Paradies auf Erden - zumindest davon einen kleinen Schimmer.

**Wer, wenn nicht wir aus den Wohlstands - und Bildungsländern,
kann an der Situation was ändern?**

Auch im Sport, vor allem, Spitzensport,
wird aufgerüstet, gedopt, immer Jagd gemacht nach einem neuen Rekord.
Es wird vermarktet, es werden Lizenzen verkauft, Menschen sind nur
                                    noch Ware,
mir scheint, nur mir stehen dabei hoch zu Berge, die Haare.

Schon, wie zu Römers Zeiten mit den Gladiatoren,
werden künstlich Heroen gezeugt, geht der wahre Sportgeist verloren.
Ausrichter werden Länder mit dubiosen Menschen- und
Umweltschutzbestimmungen,
Hauptsache die Gelder finden bei den Verbänden die richtige
Anbindungen.

Wenn der Sport wirklich an erster Stelle stehen würde,
warum ist die Messlatte für viele Sportler eine so unüberwindliche
Hürde?
Warum finden die Paralympics nicht auch mal vor den olympischen
Spielen,
oder noch besser, zeitgleich für mehr Miteinander statt? Das würde
Sympathien erzielen.

**Wer, wenn nicht wir aus den Wohlstands- und Bildungsländern,
kann an der Situation was ändern?**

Und jetzt zum Schluss, die Gesellschaft an sich und ihre Gemüter,
sie wird erschlagen von Gier nach Hyp's und Massengüter.
Jeder will alles und alles gleich sofort,
reisen an jeden, noch so abgelegenen Ort.

Eine Autobahn, ein Flughafen bis an die entlegenste Stelle,
ein 5 Sterne- Hotel, am einsamen Strand, oder an einer Wüstenquelle.
Der Aufwand an Energie und Wasser und anderen Ressourcen egal,
leben, im hier und jetzt, alles mitnehmen, Spaß haben total.

Wer sich's leisten kann kauft wo immer er kann,
Immobilien, Yachten, Flugzeuge, selbst für den kleinen Mann,
findet sich was zur Befriedigung der Freizeitgelüste,
ob für die Flüsse, Seen, Berge oder die Küste.

Jeder will teilhaben am großen Lebensschmaus,
keinen hält es mehr - nur - am zu Hause aus.
Die Natur, die Gesundheit alles nur relativ,
die Technik ist alles und die Wirtschaft dabei so kreativ.

Mit der Technik da bist du wer,
wächst über dich hinaus, das ist gar nicht schwer.
Und solltest du dann trotzdem scheitern,
tust du wenigstens andere in den Nachrichten erheitern.

Ob Ballerspiele, am Computer, ob You Tube- Star,
mit den Hüften wackeln, falsch singen, Partnersuche,
                                welch ein Medientara.
Das Hirn wird ruhig gestellt, mit Werbung zugeschmissen,
Hauptsache der Bürger tut das reale Leben nicht vermissen.

Soziale Vereinsamung, Armut, Hunger, Artensterben, Klimawandel,
damit macht man keinen guten Handel.
Ist ein weniger nicht doch ein mehr?
Fällt ein Verzicht uns wirklich schon so schwer?

Eines scheinen wir dabei zu verkennen:
Dem Glück können wir nicht hinterher rennen.
Das Glück kommt nur aus uns selbst heraus,
da hilft keine Weltreise, Yacht noch Luxushaus.

Doch wer, wenn nicht wir aus den Wohlstands - und Bildungsländern, kann, an der Situation was ändern?

Wir sollten etwas ändern!

Nachrichten

Keiner mag auf Neuigkeiten mehr verzichten.
Jeder hat etwas zu melden, etwas zu berichten.
Immer tun sich Ereignisse ergeben,
keiner will mehr ohne Informationen leben.

Nur wichtig genug müssen sie uns erscheinen,
damit wir darüber lachen können oder auch weinen.
Jeder ein Voyeur, ein Zuschauer,
gespielt oft das Entsetzen, die große Trauer.

Viel mehr gilt es, der Erste zu sein, bei der Ermittlung,
nur so erfährt derjenige, die volle Journalistenehrung.
Und so hageln täglich tausende von Neuigkeiten auf uns ein,
und sind sie noch so nichtig und klein.

Und wir saugen sie auch auf, als bräuchten wir sie alle,
wenn wir sie auch nicht verstehen, Hauptsache wir bleiben online
                                                    für den Falle,
das jemand vielleicht mal mit uns über diese Nachrichten spricht,
und wir verlören wegen Unkenntnis unser Gesicht.

Der Mensch möchte so viel erleben,
was er nicht selbst erlebt, können Nachrichten ihm geben.
Doch verarbeiten können wir sie nicht,
was für einen gesunden Selbstschutz spricht.

Doch je mehr Probleme, desto höher die Schutzmauer, die jeder sich baut,
der Mensch, dem Leben, den Anderen und schon gar nicht sich selbst
                                                    mehr traut.
Eine schleichende Stille, Lähmung des Einzelnen, selbst was bewegen
                                                    fällt nun schwer,
zu sehr hat die Abgestumpftheit uns im Griff - zu sehr.

Kinderschändung, Korruption, Übergriffe gegen Frauen,
Kriege, Attentate, Bankenskandale, wem kann man noch Vertrauen?
Und so bricht die Gesellschaft auseinander,
jeder sieht in jeden einen Feind, es gibt kein Miteinander.

Das ist zwar das Ziel von Terroristen, doch passiert es nicht durch sie
allein,
durch Negativschlagzeilen in Massen, setzt unbeabsichtigt das gleiche
Phänomen nun ein.
Es gibt Menschen, die schalten ab, wollen von dem Elend dieser Welt
nichts mehr hören,
Andere sind abgestumpft, den tun die Nachrichten nicht mehr stören.

Andere warten, allzu oft vergeblich auf eine Änderung der Politik,
die Verursacher der Probleme in der Welt überhören die an sie
gerichtete Kritik.
Sie haben ja auch das nötige Geld,
um zu verlassen die Krisenherde dieser Welt.
Nun kann der Journalist, die Medienlandschaft Aufdecken aber nicht
ändern,
das Ändern, das müssen die Regierungen in den einzelnen Ländern.
Aber sie könnten mehr positive Nachrichten in großen Schlagzeilen
senden,
damit der Mensch sich nicht gänzlich von Seinesgleichen tut abwenden.

Wirtschaftsflüchtling...

Ist mehr als ein Wort, das den Anspruch für sich, als das Unwort
des Jahres hat,
steht es doch üblicherweise für Menschen, die nicht mehr werden satt.
Und doch ist dies rechtlich kein Aufenthaltsgrund,
schließlich ist dieser Mensch nicht in Gefahr, körperlich und
geistig gesund.

Was bewegt diesen Menschen überhaupt zur Flucht,
durch fremde Länder und über das tosende Meer,
riskiert sein Leben, sieht andere neben sich sterben,
welch' Gründe treiben, im wahrsten Sinne des Wortes, ihn bloß her?

Menschen aus seinem Dorf und Familie hatten für ihn und seine Reise
alles gegeben,
damit er und sie in naher Zukunft bekommen ein besseres Leben.
Hilfe zur Selbsthilfe, durch seine Arbeitskraft in den Wohlstandländern,
sollte sich endlich an den Missständen im eigenen Land was ändern.

Jahrhunderte hatten sie unter Ausbeutung gelitten, wurden versklavt,
die Räuber aus fremden Ländern wurden dabei niemals bestraft.
Auch heute noch beuten ausländische Investoren die Völker aus,
holen Bodenschätze, Tropenhölzer aus ihren Ländern heraus.

Selbst die wenigen, und daher besonders wertvollen, geistigen Eliten,
werden aus ihren Herzen gerissen.
So kommen sie nie auf die Beine, so werden sie weiter um ihre Zukunft,
verzeiht das Wort, beschissen.

Und doch hört man von ihnen bei uns kein Klagen,
sie tun es still, wer sollte auch ihre Not zu uns tragen?
Vor allem, wer sollte sie auch hören,
tut dies doch unser feines, reines Gewissen stören.

David gegen Goliath, der ewige Kampf,
wer aus unsere Politik macht mal richtig Dampf?

Doch die Politik sieht ihn nur als Wohlstandschmarotzer,
der abzuschieben ist,
kurz um, er darf nur bleiben eine kurze Frist.
Doch sein Handeln war ein Aufschrei an uns alle, doch er bleibt
unverstanden,
denn nun ist er zurück mit leeren Taschen, ohne Perspektiven in seine
Landen.

.....er wurde vergessen, aber nicht die Bewegung, sie ist nicht aufzuhalten.

Teil 2

Abschieben geht, ist mühsam und sehr teuer,
löscht nicht, sondern schürt nur das Feuer.
Es entstehen, durch Funkenflug, an vielen Stellen neue Brände,
durch entstandenes und gefühltes Unrecht – das nimmt kein Ende.

Wir alle, mit wir sind alle Menschen auf der Welt gemeint,
sind mindestens, das ist unstrittig, in einem Punkt wirklich vereint:
Wir und unsere Kinder mit allen Lebensformen sind gebunden am
              irdischen Leben,
unsere Welt, ist unsere - Ja - , sie ist uns aber nur einmal gegeben.

Sie und uns zu schützen ist die einzige Aufgabe, die wir haben für
              die Zukunft,
dazu bedarf es keiner Ideologien, sondern Herz und Vernunft,
Respekt allen Kreaturen gegenüber ist Voraussetzung für eine
              Neuordnung der Welt,
Verantwortung und Liebe, nicht die Gier nach Macht, Ansehen und Geld.

Auch nicht Schuldzuweisung aus der Vergangenheit,
und der daraus entstandene Hass und Neid.
Sondern ein: 'Nach vorne schauen'
und ein gegenseitiges Vertrauen.

Unsere Welt ist so bunt, vielseitig und durch Digitalisierung
              miteinander vernetzt
und doch so mit Vorurteilen und Misstrauen versetzt,
das ein Miteinander nicht funktioniert,
am Ende die ganze Welt verliert (krepiert)

Aber die Hoffnung, so heißt es, stirbt zuletzt,
vielleicht wird die Welt mal von 'Besseren' als uns besetzt.....

PS

Wirtschaftsflüchtling kann man auch anders definieren.
Ich tat darüber, nach dem obigen Schreiben, sinnieren:
Wenn die Reichen und die Wirtschaft von 'Steuern zahlen' lieber absieht
und in Steuerparadiese mit ihrem Vermögen flieht,
dann kann man wohl zurecht von diesen Menschen sagen,
sie sind Wirtschaftsflüchtlinge und daher könnte man sich fragen,
ob nicht auch hier ein Abschieben sinnvoll wäre,
denn sie sind das wahre Übel und die Verursacher der Armutsmisere.

Werte

Jeder Mensch hat in seinem angereicherten Leben,
Dinge erlebt, die ihm wichtig erscheinen und Inhalt geben.
Nicht nur ihm, sondern auch bei den Seinen und den Nachbarn,
                                    den Gleichgesinnten,
kann man ähnliches an Inhalten des Lebens und Glaubens finden.

Gewachsen über Jahrhunderte und über Generationen,
bildeten sich daraus Gemeinschaften, Völker und Nationen.
Und allen einer solchen Gemeinschaft zugehörigen verbindet ein Band,
keiner steht abseits, keiner am Rand.

Das was uns, die Gemeinschaft, da bescherte,
sind gemeinsame über Jahrhunderte geschaffene Werte.
Volkslieder, Feste, Sprache, Trachten und Zeremonien,
Gesetzgebungen, Sozialwesen, ein Denken in bestimmten Kategorien.

Durch die schnelllebige Zeit in der wir jetzt leben,
in der jeder alles und sofort haben will und nach Höherem tut streben,
geht die Gemeinschaft und ihre Werte verloren
und der Populismus wird parallel dazu wieder geboren.

Die alten Werte scheinen vielen nichts mehr wert zu sein,
Andere fühlen sich abgehängt, nichtig und klein.
Die Gesellschaft ist gespalten,
die Gemeinschaft am erkalten.

Wenn durch Kriege, Hunger, Naturkatastrophen, Menschen näher an
einander rücken,
scheint das Neue, Unbekannte einen noch zusätzlich zu erdrücken.
Während die Einen sich abgrenzen in bessere Quartiere,
in denen sich Migranten ,Arme und auch ich mich selten hin verliere,
wird der andere Teil der Gesellschaft mit fremden Werten konfrontiert,
und wird für sein Missbehagen von oben kritisiert.
Und das Alte, was vielen gestern noch spießig schien und dumm,
wird plötzlich wiederbelebt, hochgelobt, für diese Werte macht man sich
plötzlich krumm.

Werte sollte man nutzen, nicht missbrauchen,
nicht in bestimmte Farben tauchen.
Wenn eine Gesellschaft geteilt wird in Arm und Reich,
der Einzelne gemessen wird in : ' wie siegreich',
dann ist der Mensch nicht besser als das Tier,
ist die Zivilisation verloren hier.....

Krawattenträger

Keiner soll mich falsch versteh'n
auch wenn genau dies wird nun gescheh'n.
Es geht, wie immer um das Aufrütteln, das Lösen aus der Lethargie,
durch meine Art der Poesie.

Brunnenvergifter tat man, zu mittelalterlichen Zeiten,
über den Marktplatz, zum Schafott begleiten.
Wenn es um das Allgemeinwohl ging verstand man kein Spaß,
da wurden Übeltäter dem Volke vorgeworfen zum Fraß.

Diese barbarischen Sitten sind ' Gott sei Dank ' vorbei,
doch Strafe muss sein, da darf kein Täter sich kaufen von frei.
Auch heute werden Verbrechen an die Menschlichkeit geahndet,
weltweit sogar nach ihnen gefahndet.

Doch zählt hier in der modernen Wirtschaftswelt,
scheinbar nur die Gier nach Macht und Geld.
Wer nach Außen ist ein Saubermann, ich nenn' ihn mal Krawattenträger,
ist besser dran als der gemeine Schläger.
Er kann Millionen Menschen mit Stickoxiden die Lungen vergiften,
                                        bis sie verrecken,
während der Andere im Knast sitzt, für ein paar zugefügte blaue Flecken.

Das klingt überspitzt, doch ist es das auch?
Wenn die Regierung sich streicheln lässt von der Wirtschaft den Bauch.
Und vollmundig verkündet ganz geschlossen:
,, Wir haben mit der Wirtschaft beschlossen:
Für 20 Euro Software werden die Abgaswerte wieder gut!"
Warum jemandem zur Rechenschaft ziehen, dazu fehlt der Mut.

Was gewinnt man schon am Ende,
nichts als Ärger und am Schluss fehlen noch die Dividende.
Also schaut man lieber auf die Kleinkriminellen,
davon gibt es auch mehr und die sind gewohnt zu tragen
                                        die Handschellen.

Und der Krawattenträger steht da als Saubermann,
keiner traut sich an ihn und Seinesgleichen ran.
Sie tragen schließlich gesellschaftliche Verantwortung, das hatte ich
                                        vergessen.
Und die Politiker hatten vielleicht gestern erst bei ihnen zu Tisch
                                        gesessen.
Für das Große und Ganze fehlt mir der Überblick,
so tut mir verzeihen, vielleicht macht es eines Tages bei mir Klick
und ich verstehe dann,
die Krawattenfrau, den Krawattenmann....

Geh' zwanzig (G20)

Schon vor dem Treffen der führenden Wirtschaftsnationen,
wurde Hamburg vorbereitet auf eventuelle Konfliktsituationen.
Grenzen zu Dänemark wurden kontrolliert,
Polizisten, aus anderen Bundes- und EU- Ländern, abkommandiert.

Mit Drohnen der Amerikaner ganz Hamburg abgefilmt und fotografiert,
damit ja nicht dem 'einen' Präsidenten etwas passiert.
Ganz Hamburg unter Generalverdacht,
weil einer auf 'Dicke Hose' macht.

Deutsche Gesetze, Datenschutz egal,
auf die Art und Weise wird Wirtschaftsspionage sogar legal.
Kein Bürger, schon gar nicht aus der Bürgerschaft schlägt Alarm,
zu lang ist der überwachungsstaatliche und politische Arm.

Junge Polizisten, die als Prellbock, als Schläger sich verdingen müssen,
aber wenn sie in der Freizeit, fern von ihrer Heimat, sich betrinken und
gegen Zäune pissen,
werden sie als untragbar nach Hause geschickt,
weil sich das in der Öffentlichkeit nicht schickt.

Zehntausend Polizisten im Einsatz gegen tausend gewalttätige
Demonstranten,
die, verhüllt, brandschatzend durch die Straßen zogen, sich vom Gesetz
abwandten.
Vielleicht ein Vorgeschmack auf das, was noch kommen mag,
wenn gesellschaftliche Ungerechtigkeit und Armut für noch mehr
Menschen wird zum Alltag.

Noch kurz vor dem revolutionären Wochenende gab es eine
Theaterinszenierung,
' Die Weber ', welch ein Drama, in die Moderne gesetzt und auch zeitlich,
was für eine Platzierung!
Während die Bürger, wegen den Straßenfeuern und der Angst um ihr
Habe, schwitzen,
tat der Bürgermeister, bestens geschützt, in der 'Elphie' sitzen.

Wenigstens die zweite Bürgermeisterin tat sich besinnen,
auch wenn ich sonst den heutigen Grünen dieser Stadt
        nichts mehr tu' abgewinnen.
Der Bürgermeister verkannte den Ernst der Lage, das kann, gerade
         an solch' einen Tag, schon mal passieren
doch wollte er wohl Weltpolitik mit betreiben und Lob, als Ausrichter
           kassieren.

Ein Schmidt hätte wohl eher im Krisenstab gesessen,
wäre nicht so ignorant und so von der Rolle des Gastgebers besessen.
Seine Priorität hätte gegolten den Bürgern und Sicherheitskräften
          seiner Stadt,
die sicher sein kann, das sie einen um sie besorgten, tatkräftigen
          Bürgermeister hat.

Doch unser Bürgermeister ist Landesherr, ein Mann von Welt,
ihn trifft man bei Galen, Talkshows, Promi's, bei Leuten mit Geld.
Hamburg muss wachsen, ein Bürgermeister -Tower, das wär' toll,
doch was kommt dann, wann ist das Maß voll?

In visionären Großprojekten alles an Kraft reinstecken ist keine Kunst,
aber was für die Bürger schaffen und das mit aller Energie und Inbrunst,
selbst auf die Gefahr hin, nicht wieder gewählt zu werden,
ist wahre Politik, ist das, was wir Menschen brauchen hier auf Erden.

Jede Krankenschwester, Altenpfleger, Feuerwehrmann und Eltern
         tun etwas für alle,
ohne großes Aufsehen, stille Helden, ohne Denkmal und Ehrenhalle.
Was spricht dagegen, Klinken putzen zu gehen, für heile Straßen,
         sozialen Wohnungsbau,
moderne Schulen, Bildung, Pflege, sich Aufzulehnen gegen den
         Sozialabbau?

Dann würde eine Stadt nicht brennen,
da man sich gegenseitig achtet und tut kennen.
Ein echter Mäzen tut gerne Geben, ohne auf der anderen Seite
         mehr zu Nehmen,
an die muss man sich halten, das sind die Angenehmen.

Schafe

Ein Schäfer hatte viele weiße Schafe und zwei Hunde,
lebte glücklich und zufrieden seit Jahren und zu jeder Stunde.
Die weißen Schafe waren friedlich, ließen sich vom Schäfer
                                    und seinen Hunden leiten.
Sie waren genügsam, taten sich nur langsam in der Landschaft ausbreiten.
Sie fraßen, was sie fanden, kein Grün war ihnen zuwider.
Der Schäfer und seine Hunde trauten ihnen und umgekehrt,
                    legten sich häufig zum Schlafen nieder.

Eines Tages wurde ein schwarzes Lamm geboren,
es schien, als sei es etwas besonderes und wurde verhätschelt,
                            zu was besserem auserkoren.
Dabei war es eigentlich ein Schaf, wie all' die anderen auch,
doch machte der Schäfer, wie es nun mal bei den Menschen häufig
                                            ist der Brauch,
aus etwas eigentlich 'Normalen', eine Erhöhung.
Und aus Angst, vor eventueller Verhöhnung,
treibt der gute Hirte diese Erhöhung zu einer Perfektion,
in dem er das Schaf von den anderen trennt (zwecks Selektion).

Nun fühlt das schwarze Schaf selbst seine Besonderheit
und verlangt nach seiner eigenen, 'besonderen' Freiheit.
Es fraß nicht mehr alles, sondern nur noch frisches, zartes Grün,
die Hunde durften es nicht mehr treiben, sonst könnte ihnen was
                                vom Schäfer blüh`n.

So kam das schwarze Schaf auf eine fette Weide,
es bekam ein Stall mit Streu, lag nicht mehr, wie die anderen
auf holziger Heide.
Der Schäfer kümmerte sich mehr und mehr um sein eines Schaf,
vergaß sein freies Leben, weil er diese eine, so schwerwiegende,
Entscheidung traf.
Die weißen Schafe wurden mehr und mehr sich selbst überlassen,
die einst blühende Landschaft tat durch schlechte Hege langsam
verblassen.
Und während das schwarze Schaf immer mehr den Schäfer in
seinen Bann zog
und der Schäfer dabei sich mehr und mehr um seine Unabhängigkeit
betrog,
verließen ihn die weißen Schafe und die Hunde nach und nach.
Das schwarze Schaf, aber, den freiheitlichen Wille des Schäfers brach.

Das fette, schwarze Schaf leitet nun den Schäfer, nicht umgekehrt,
es nun auch das restliche Land vom Schäfer begehrt.
Die weißen Schafe sind nicht wie das schwarze Schaf,
sie sind zwar viele, aber mit Nahrungssuche voll beschäftigt und zu brav
und merken nichts vom gekippten System,
dafür sind sie zu sehr Schaf und zu bequem.....

Weltstadtgetue

Eine Stadt, nicht sonderlich groß, aber auch nicht klein,
wollte nicht mehr nur Mittelmaß sein.
Wobei der Stadt selbst wäre es egal,
auch der Bevölkerung, jedenfalls von ihr, eine große Zahl.

Doch die Regierenden dieser Stadt,
hatten das Mittelmaß einfach nur satt.
Ein Teil von ihnen wollte Ansehen und Macht,
die Anderen, das es auf ihren Konten nur so kracht.

Visionäre aus der ganzen Welt kamen um zu Planen,
in der Hoffnung, gesellschaftlich und wirtschaftlich abzusahnen.
So wurde die Stadt mit architektonischen Visionen
zugebaut, kein Platz wurde verschont, schließlich ging es um Millionen.

Auch wurden Großveranstaltungen massenhaft eingeführt,
die Stadt erwacht, jeder hat es gespürt.
Ein Hype jagte den anderen, immer größer wurden die Ideen,
ein Ende ward' nicht abzuseh'n.

Überall wollte man der Größte sein,
allmählich stellte Größenwahn sich ein.
Die Stadt verlor an Boden, die Bevölkerung den Glauben,
schließlich tat man ihr den Lebensraum rauben.

Eine Trabantenstadt ist aus ihr geworden,
ein Lego - oder Disneyland für Touristenhorden.
Ein Ort für Spekulanten und Selbstdarsteller,
die Bevölkerung bekommt Almosen auf ihren Teller.

Die alte Stadt ist tot, es lebe die Weltstadt,
die keine Ureinwohner, nur noch Spekulanten und Touristen hat.
Denn die Bevölkerung kann sich die Preise nicht mehr leisten,
selbst wenn, ist sie nicht mehr lebenswert für die Meisten.

Staub, Lärm, Fülle erstickt den Menschen, engt ihn ein,
das soll aber nun unser aller Zukunft sein.
Vergessen, das der Mensch ist Teil der Natur,
er braucht nicht Beton, Asphalt, sondern Wald und Flur.

Aber so lange der Mensch glaubt, er gehöre gesellschaftlich noch dazu,
lässt er die Visionäre und Aktionäre auch in Ruh'.
Womit kann man auch bessere Geschäfte machen,
als mit der Illusion, dazu zu gehören, mit lauter unnütze Sachen.

Venedig, Rom und andere Orte sind solche Städte der Illusionen,
kein einfacher Bürger tut dort noch wohnen.
Dort sind wir die Touristen, fühlen uns wohl,
merken nicht, wie unsere eigene Stadt, selbst, wird innerlich hohl.

Der Aktionär, Visionär zieht weiter, macht woanders sein Profit,
denn es ist nicht sein zu Hause hier, er mischt nun woanders mit.
Und wir Bürger müssen dafür noch lange zahlen.
Na ja, in ein paar Jahren sind ja wieder Wahlen.....

Nichts als Worte

Du sagst, ich sei dein Freund und Freunde halten zu einander,
doch beim ersten Streit, redeten wir nicht mehr miteinander.
Nichts als Worte

Du sagst, du liebst mich,
aber du denkst dabei nur an dich.
Nichts als Worte

Wenn ich Hilfe brauche, dann hilfst du mir,
ich stehe vor ein Haufen Scherben, du aber bist nicht hier.
Nichts als Worte

Sie versprechen dir, vor der Wahl, das blaue vom Himmel,
nach der Wahl setzen viele Versprechen an den Schimmel.
Nichts als Worte

Wir meinen es ernst mit dem Klimaschutz,
machen weltweit aber weiter Schmutz.
Nichts als Worte

Den Armen, Kranken und Alten muss geholfen werden,
doch nehmen wir ihnen die Würde und alles was sie besitzen hier
auf Erden.
Nichts als Worte

Ich nehme die Bedürfnisse, Sorgen unserer Bürger ernst:
Lieber Berufspolitiker, merkst Du eigentlich, wie Du Dich
von uns entfernst?
Nichts als Worte

Mindestlohn, sichere Rente, Arbeiten muss sich wieder lohnen,
bezahlbarer Wohnraum, tut mich mit solchen Attitüden verschonen.
Nichts als Worte

Eitelkeiten, Karrieresucht, Sicherheit der Pensionen
stehen im Vordergrund,
Damit gerät jede Regierung eines Tages in den Abgrund.

Das sind : Ermahnende Worte !!!

Der letzte seiner Art

Noch vor zwei Jahren
sah ich, wenn auch totgefahren
immer mal einen Igel auf der Straße.

Auch Bläulinge, kleine Falter
sah ich einst viele im Jugendalter
und Blindschleichen im Grase.

Beim Fahrradfahren hatte ich immer kleine Fliegen und Käfer im Auge,
das Auto war verklebt mit Insektenleichen, die entfernt werden
                                        mussten mit Seifenlauge.
Bis vor kurzem noch hatte ich nicht an diese Ereignisse gedacht.

Vögel leiden an Vogelgrippe, an Viren übertragenden Mücken,
Kleinsäuger, Reptilien und Amphibien passen nicht mehr zwischen
                                        die Autolücken
fallen in offene gemauerte Kanäle oder einem Lüftungsschacht.

Bäume und symbiotisch mit ihnen lebende Pilze sterben durch sauren
                                        Regen
Trockenzeiten, Brände, Stürme, Totaleinschläge tun ganze Wälder
                                        wegfegen.
Dafür entstehen Straßen, Städte, Industriebrachen.

Das Meer kippt um, durch Erwärmung, Mangan- Erdölabbau und
                                        Überfischung
Meerestiere ersticken an Plastik, Fäkalien- und Chemiekalienbeimischung
die Industrie, der Kapitalismus schreit: „Immer weitermachen !"

Tierarten sterben, wie auch Pflanzenarten still und leise,
verschwinden für immer, jede auf seine eigene Weise.
Wir bemerken es kaum, haben uns abgekoppelt von der Natur.

Arten, wie Wachtelkönig, Schierlings- Wasserfernchel, die man retten will
werden belächelt, kurz gesagt, selbst um sie wird es still.
Von Artenschutz weit entfernt, immer nur Kompromisse,
                    was soviel heißt, wie : 'Weichen muss die Natur!'

Und wenn nur noch Raum ist für eine Art,
wird am Naturschutz – endlich ! - gänzlich gespart.
Vielleicht wird dieses Schreiben das letzte sein, was an diese Art erinnert,

denn der Mensch ist abhängig von Luft, Wasser, Nahrung und Tageslicht,
ohne diese Dinge, er körperlich, wie geistig bald zerbricht.
Vielleicht bemerkt er es noch rechtzeitig und ich werd' abgetan als
                                        ' Spinnert'

Oder als letzter seiner Art....

Vorbei

Regenwolken, dunkel, grau und schwer,
ziehen seit Jahren über unsere Köpfe her.
Unwetterwarnungen Tag aus und ein,
so werden jetzt immer unsere Sommer sein.

Die Winter nicht besser, kaum noch Schnee,
Schlammlawinen, keinen Gletscher ich noch seh'.
Grönland trägt sein Namen zu recht,
ein riesiger Golfplatz - nicht schlecht!

Die Meeresspiegel steigen und steigen immer weiter an,
die armen und flachen Inselstaaten sind versunken,
                    man dort jetzt aber gut tauchen kann!
Ohne Schneeschmelze trocknen die Flüsse im Sommer aus,
bei Starkregen brechen Deiche, stehen die Kloaken in jedem Haus.

Stürme fegen das ganze Jahr übers Land,
Trockenheiten, gepaart mit Stürmen, setzen Wälder in Brand.
Korallenriffe, Mangrovenwälder sind zerstört, sie bieten den Küsten
                                        keinen Schutz mehr.
Jede Welle spült Existenzen, in Massen, ins offene Meer.

Fruchtbare Böden, Ernten, das Leben, alles geht verloren,
was sind wir für Träumer, was für Toren?
Wo man hinsieht, Leid und Elend, kein Land blieb verschont,
doch noch immer die Gier in unseren Köpfen thront.

Und, weil die Hoffnung stirbt zu letzt,
wird die Menschheit in Salbungsvoll - Trance versetzt.
Wir retten die Welt, das schaffen wir schon,
so redet die Menschheit seit Jahren immer im selben Ton.

Der einzige Trost, der mir dabei nur bleibt,
das auch jeder mitverantwortliche aus Wirtschaft
                              und Politik mit im Strudel treibt.
Niemand kann dem Klimawandel ausweichen,
kein Verleugner, kein anders Gläubiger, noch die Reichen.

Die Natur macht vor niemandem Halt,
sie ist die bestimmende, sie ist die Urgewalt.
Die Erde ein Käfig, ein Käfig voller Narren,
aus dem Dreck, kann man nicht mehr ziehen diesen Karren.

Der Mensch hat sich selbst zu sehr domestiziert,
auf Nützlichkeit, wie seine Haustiere, reduziert.
Von der Natur abgewandt, hat er den Ur-Instinkt verloren,
er ist forciert auf Materielles, auf Technik, in der Retorte geboren.

Die Erde hat viele Wesen kommen und gehen gesehen.
Ihr ist es egal, was mit uns wird geschehen.
Wir sind nur ein Wimpernschlag auf ihrer Zeitreise.
Nach uns wird's auf ihrer Oberfläche wieder leise...